Kamasutra und Tantra

Ein Leitfaden für Anfänger zum Einstieg (2-in-1-Sammlung)

More Sex More Fun Book Club

Inhalt

Kamasutra

Die Geschichte über Kamasutra und antike
Liebestechniken

Einführung

Wenn viele Menschen den Begriff Kamasutra hören, denken sie sofort an ein grenzwertiges pornografisches Buch voller unerlaubter Sexstellungen, die nur Menschen ausprobieren würden, die unglaublich flexibel sind. Doch das ist nicht alles, was das Kamasutra ist. In Wirklichkeit stellt das Kamasutra einen Leitfaden für ein tugendhaftes und gütiges Leben dar, wobei der Schwerpunkt auf der Natur der Liebe, dem Familienleben und anderen Aspekten der vergnügungsorientierten Aspekte des menschlichen Lebens liegt. Letztlich geht es im Kamasutra nur zu zwanzig Prozent um sexuelle Stellungen.

Das Kamasutra ist einer von drei alten Texten, die in der Sanskrt-Sprache verfasst wurden und die Ziele des Lebens beschreiben. Das Kamasutra wurde von einem nordindischen Gelehrten namens Vatsyayna Mallanaga im zweiten Jahrhundert n. Chr. verfasst und bedeutet wörtlich übersetzt "Abhandlung über das Vergnügen". Der größte Teil des Buches befasst sich mit Philosophie und der Theorie der Liebe. Es geht darum, was die Liebe auslöst, was die Liebe aufrechterhält und wann sie gut oder schlecht ist.

Dieses Buch soll Sie durch den alten Text des Kamasutra führen und Ihnen zeigen, wie Sie seine Lehren nutzen können, um Leidenschaft und Glück in Ihre Beziehungen zu bringen. Wir werden auch kurz auf einige der Sexstellungen des Kamasutra eingehen, und wie sie mehr Intimität in Ihre Beziehungen bringen können.

Kapitel 1 : Kamasutra - Ein kurzer Blick darauf, was es ist und woher es kommt

Das Kamasutra dokumentiert die Soziologie des Sexes, wie sie in Indien vor vielen Jahrhunderten war. Es ist ein berühmtes Buch, das schon viele Male übersetzt wurde. Viele Menschen halten das Kamasutra für unoriginell und glauben, dass der Autor, Vatsyana Mallanaga, höchstwahrscheinlich die bereits existierenden Handbücher überarbeitete, um sein Werk zu schreiben. Nichtsdestotrotz macht das Kamasutra darauf aufmerksam, was sexuelle Beziehungen zwischen zwei Menschen bedeuten, während es gleichzeitig anerkennt, dass einige Dinge verboten sind.

Das Kamasutra umfasst vierundsechzig Künste, die für die obere Gesellschaft bestimmt waren. Der Text enthält detaillierte Beschreibungen der Regeln, die sowohl Männer als auch Frauen befolgen sollten. Die Regeln regelten die sinnlichen körperlichen Beziehungen sowie die Liebe und die Ehe des Paares nach dem hinduistischen Gesetz.

Während sich der Text im Wesentlichen auf die Sinnlichkeit bezieht, ist das Kamasutra auch den Traditionen und der Religion der hinduistischen Gesellschaft zuzuordnen. Die wichtigste Lehre des Kamasutras war, dass Ehen glücklich sein sollen. Sowohl Männer als auch Frauen sollten in den Künsten des körperlichen und geistigen Vergnügens bewandert sein. Die Philosophie des Kamasutra folgt den Errungenschaften von Dharma, der Religion, Kunst, dem Reichtum, Kama, dem Vergnügen, und Moksha, der

Erlösung. Dies sind die grundlegenden Ziele, die das Leben bestimmen.

Das Kamasutra lehrt, dass alle Aspekte des Lebens gleich wichtig sind und dass kein Aspekt Vorrang vor einem anderen haben sollte. Um ein sinnvolles Leben zu führen, ist es zwingend notwendig, ein Gleichgewicht zu erreichen. Wenn man dieses Gleichgewicht erreicht, gilt es als ein gutes Leben. Das Kamasutra erklärt, dass Sexualität und Erotik für die menschliche Existenz wichtig sind und mit dem Essen gleichgesetzt werden. Während das Essen den Körper am Leben erhält, hilft die Sexualität der Menschheit, sich fortzupflanzen.

Es gibt viele verschiedene Geschichten in alten indischen Schriften, die über die Entstehung des Kamasutras berichten. Im Folgenden sind einige Beispiele aufgeführt.

Eine der Geschichten erzählt, dass der Gott Prjapati, der Gott der Schöpfung, ursprünglich die zehntausend Kapitel des Kamasutras verkündete. Die Kapitel wurden dann von Lord Shiva zusammengestellt. Danach wurden sie zu einer großen Anzahl von Kapiteln zusammengefasst und Shvetaketu genannt. In dieser Geschichte bestand die Rolle von Vatsyayana darin, das Kamasutra in Sanskrit zu transkribieren.

Eine andere Geschichte besagt, dass das Kamasutra von Nandi, dem Türhüter des indischen Gottes Shiva, in die Welt gesetzt wurde. Nandi, der ein heiliger Stier war, belauschte Shiva und seine Frau Parvati, während sie sich liebten. Nandi war so inspiriert, dass er eine Äußerung machte, die später an die Menschen weitergegeben wurde.

Unabhängig davon, woher es stammt, ist das Kamasutra ein Buch über die Suche nach dem richtigen Partner, die Erhaltung der

Macht in einer Ehe und die Kunst des Lebens. Das Besondere am Kamasutra ist, dass es entgegen der landläufigen Meinung Frauen nicht als erotische Subjekte betrachtet, sondern als sexuelle Wesen, die Emotionen und Gefühle besitzen, die ein Mann verstehen sollte, um in den vollen Genuss erotischer Lust zu kommen.

Das Kamasutra gilt als das ursprüngliche Studium der Sexualität und wurde schnell zur Hauptquelle für spätere Kompilationen, einschließlich des Ananga-Ranga, einer überarbeiteten Version des Kamasutras aus dem 15. Jahrhundert. Da es jedoch in einem komplexen Sanskrit-Stil verfasst wurde, erreichte es keine Leser und geriet bis ins späte neunzehnte Jahrhundert in Vergessenheit.

Eine interessante Tatsache über das Kamasutra ist, dass es lehrt, dass der Mann in einer Beziehung sich einer Frau in den ersten drei Nächten der Ehe nicht sexuell nähern sollte. Stattdessen sollte er diese Zeit nutzen, um ihre Gefühle zu verstehen, ihr Vertrauen zu gewinnen und ihre Liebe zu erwecken. Vatsyayana machte einen großen Sprung in der Geschichte der indischen Sexualität, indem er die Idee der Liebe im Sex einführte.

Im späten neunzehnten Jahrhundert begann das Kamasutra in Indien wieder an Bedeutung zu gewinnen. Dies geschah, nachdem ein bekannter Linguist und Arabisch-Übersetzer, Sir Richard Burten, begann, mit indischen und britischen Mitarbeitern an einer englischen Übersetzung des Anaga-Ranga zu arbeiten. In der Übersetzung machte Burton viele Verweise auf das Vatsyayana, die auf das Kamasutra zurückführten, und schließlich wurde auch eine englische Übersetzung des Kamasutras angefertigt.

Aufgrund der Art des Inhalts wurde das Kamasutra bis 1962 weder in England noch in den Vereinigten Staaten legal veröffentlicht. Seit seiner Erstveröffentlichung im Jahr 1883 bis zu seiner legalen

Veröffentlichung im Jahr 1962 wurde das Kamasutra zu einem der am häufigsten raubkopierten Bücher in der englischen Sprache.

Sir Richard Burtons Version des Kamasutra ist eine der bekanntesten Versionen. Nicht nur in den Vereinigten Staaten, sondern auch in Indien und Europa. Viele Hindi- und andere indische Übersetzungen basieren auf Burtons englischer Übersetzung und nicht auf der ursprünglichen Sanskrit-Quelle. Dadurch ist jedoch die wahre Essenz des Kamasutras verloren gegangen. Während das ursprüngliche Kamasutra die Bedeutung der Frau und ihre Rolle im Liebesakt hervorhob, bringt Burtons Version die Frau zum Schweigen.

Das Kamasutra enthält vierundsechzig Liebeskünste, die sich aus Liebesakten und sexuellen Praktiken zusammensetzen und in acht Methoden unterteilt sind. Das Kamasutra erforscht auch die Freuden der Frau sowie die Hetero- und Homosexualität. Einige der anderen Themen, die das Buch behandelt, sind, wie man einen Ehepartner anzieht, wie man eine gute Ehefrau ist und wie man die Bindungen zwischen den Menschen stärkt, um die Notwendigkeit zu vermeiden, eine andere häusliche Situation zu suchen.

Eine der grundlegenden Lehren des Kamasutras ist die Ehe in Beziehungen, damit beide Parteien sowohl körperlich als auch geistig glücklich sind. Einige der Themen, die Kamasutra erforscht, sind die sozialen Konzepte für sexuelle Vereinigung, eine Frau zu bekommen und über Ehefrauen und andere Männer. Sie werden auch lernen, wie Sie andere für sich gewinnen können. Schließlich werden Sie lernen, wie Sie jemanden des anderen Geschlechts für sich gewinnen können. Wenn jemand Sie zurückgewiesen hat, werden Sie auch darüber lernen.

Es gibt einige, die glauben, dass man das Kamasutra als Handbuch für die eigene Ehe verwenden kann. Das wäre zwar großartig, aber das Kamasutra ist bei weitem kein guter Rat für eine monogame Beziehung. Wenn Sie das Kamasutra lesen, werden Sie feststellen, dass die Hauptfigur die Kurtisane ist, die verschiedene Möglichkeiten beherrscht, wie eine Frau ihren Mann befriedigen kann.

Etwas Einzigartiges am Kamasutra ist, dass es der Erzeugung von Lust bei der Frau besondere Aufmerksamkeit schenkt. Jeder Mann, der dieses Vergnügen nicht herbeiführen kann, muss damit rechnen, dass die Frau ihn zurückweist, weil sie ihr Vergnügen woanders sucht.

Das Karma Sutra war eines der ursprünglichen Studien zur Sexualität und wurde daher zum Ausgangspunkt für alle weiteren Kompilationen, die nach ihm erschienen. Eine dieser Zusammenstellungen war die Ananga Ranga, die auf den grundlegenden Lehren dessen aufbaute, woran Vatsyayana glaubte. Dennoch ist das Kamasutra eines der begehrtesten Bücher, auch wenn es in Sanskrit geschrieben ist.

Erst im neunzehnten Jahrhundert wurde das Kamasutra wieder aufgegriffen und aus den in Indien gefundenen Traditionen fortgeführt. Um 1870 arbeitete Sir Richard Burton an der Übersetzung des Ananga Ranga, in dem er viele Hinweise auf Vatsyayana fand. Daraufhin erstellte er eine englische Version des Kamasutras und stellte fest, dass es viele Erweiterungen der Übersetzungen und viele Versionen enthielt, die auf dem Originaltext basieren.

Ananga Ranga

Diese Version stammt aus dem fünfzehnten Jahrhundert und ist nur eine aktualisierte Version des Kamasutras. Sie ist jedoch leichter zugänglich als die Originalversion des Kamasutras. Aus diesem

Grund wurde das Kamasutra lange Zeit umgangen. Das Ananga Ranga wurde von einem Adligen in Auftrag gegeben. Überraschenderweise wurde das Ananga Ranga von einem hinduistischen Dichter geschrieben, der das Kamasutra als Inspiration nutzte. Die Ananga Ranga gibt es in Urdu, Arabisch und sogar Persisch.

Wenn Sie sich die Widmung der Ananga Ranga ansehen, werden Sie feststellen, dass sie ein paar Ratschläge für verheiratete Paare enthält und wie sie in sozialer und sexueller Hinsicht zusammenarbeiten sollen. In dieser Beschreibung wird der weibliche Körper beschrieben und es wird über die verschiedenen Stellen am Körper einer Frau gesprochen und darüber, wie sie erfreut werden sollen. Darüber hinaus wird beschrieben, wie ein Mann und eine Frau zusammenarbeiten sollten, um ihr Vergnügen zu steigern.

Kapitel 2 : Die vierundsechzig Künste des Kamasutra

Nachdem wir eine allgemeine Vorstellung davon haben, woher das Kamasutra stammt und was das Kamasutra wirklich ist, werden wir ein wenig tiefer in die Schrift eindringen, um zu erfahren, was das Kamasutra lehrt. Wir werden mit den vierundsechzig Künsten des Kamasutra beginnen.

Vatsyayana zählte vierundsechzig Künste auf, die eine Person attraktiver erscheinen ließen. Diese Vorschläge gelten nicht nur für ein Geschlecht, was interessant ist, da viele alte Texte davon berichten, dass die Frau sich für einen Mann attraktiv macht, was den Eindruck erweckt, dass ein Mann nichts tun muss, um für eine Frau attraktiver zu werden.

Im Kamasutra erklärt Vatsyayana:

"Eine öffentliche Frau, die mit einem guten Gemüt, Schönheit und anderen gewinnenden Eigenschaften ausgestattet ist und auch in den oben genannten Künsten bewandert ist, erhält den Namen einer Ganika oder einer öffentlichen Frau von hoher Qualität und erhält einen Ehrenplatz in einer Versammlung von Männern. Sowohl die Tochter eines Königs als auch die Tochter eines Ministers, die in den oben genannten Künsten bewandert sind, können ihre Ehemänner für sich gewinnen, auch wenn diese neben sich selbst noch Tausende von anderen Frauen haben; und wenn eine Frau von ihrem Mann getrennt wird und in Not gerät, kann sie durch die Kenntnis dieser Künste selbst in einem fremden Land leicht für sich sorgen. Ein Mann, der in diesen Künsten bewandert ist, der redegewandt und mit den Künsten der Galanterie vertraut

*ist, gewinnt sehr bald die Herzen der Frauen, auch wenn er nur für kurze Zeit
mit ihnen bekannt ist."*

Hier ist eine Liste der 64 Künste; sie werden sowohl in Sanskrit als
auch in Englisch angeführt

1. Geet Vidya - Die Kunst des Singens

2. Vadya vidya - Kunst des Spiels auf Musikinstrumenten

3. Nritya vidya - Kunst des Tanzens

4. Natya vidya - Kunst des Theaterspiels

5. Alekhya vidya - Kunst der Malerei

6. Viseshakacchedya vidya - Kunst des Bemalens von Gesicht
    und Körper mit Farbe

7. Tandula-kusuma-bali-vikara - Kunst der Zubereitung von
    Opfergaben aus Reis und Blumen

8. Pushpastarana - Kunst, ein Beet mit Blumen zu bedecken

9. Dasana-vasananga-raga - Kunst der Anwendung von
    Präparaten zur Reinigung der Zähne, Tücher und Bemalung
    des Körpers

10. Mani-bhumika-karma - Die Kunst, den Grundstein für
    Juwelen zu legen

11. Aayya-racana- Die Kunst, das Bett zu beziehen

12. Udaka-vadya - Die Kunst, auf dem Wasser zu musizieren

13. Udaka-ghata - Kunst des Spritzens mit Wasser

14. Citra-Yoga - Kunst der praktischen Anwendung einer Mischung von Farben

15. Malya-grathana-vikalpa - Kunst der Gestaltung einer Kranzvorbereitung

16. Sekharapida-yojana - Die Kunst, den Kranz praktisch auf den Kopf zu setzen

17. Nepathya-Yoga - Die Kunst des praktischen Anziehens im ermüdenden Raum

18. Karnapatra-bhanga - Kunst der Verzierung des Tragus des Ohres

19. Sugandha-yukti - Die Kunst der praktischen Anwendung von Aromen

20. Bhushana-yojana - Kunst des Anbringens oder Ansetzens von Ornamenten

21. Aindra-jala - Kunst des Jonglierens

22. Kaucumara – Meisterliches Beherrschen einer Art von Kunst

23. Hasta-laghava - Kunst der Taschenspielertricks

24. Citra-sakapupa-bhakshya-vikara-kriya - Kunst der Zubereitung verschiedener köstlicher Speisen

25. Panaka-rasa-ragasava-yojana - Kunst der praktischen Zubereitung von schmackhaften Getränken.

26. Suci-vaya-karma - Kunst der Handarbeit und Weberei

27. Sutra-krida - Kunst des Spielens mit Fäden

28. Vina-damuraka-vadya - Kunst des Spiels auf der Laute und der kleinen Trommel

29. Prahelika - Die Kunst, Rätsel zu machen und zu lösen

30. Durvacaka-yoga - Die Kunst, eine Sprache zu praktizieren, die von anderen schwer zu verstehen ist

31. Pustaka-vacana - Die Kunst, Bücher zu rezitieren

32. Natikakhyayika-darsana - Kunst des Darstellens von kurzen Theaterstücken und Anekdoten

33. Kavya-samasya-purana - Die Kunst, rätselhafte Verse zu lösen

34. Pattika-vetra-bana-vikalpa - Kunst der Gestaltung und Vorbereitung von Schild, Stock und Pfeilen

35. Tarku-karma - Kunst des Spinnens mit der Spindel

36. Takshana - Kunst des Tischlerhandwerks

37. Vastu-vidya - Kunst der Technik

38. Raupya-ratna-pariksha - Kunst der Prüfung von Silber und Juwelen

39. Dhatu-vada - Kunst der Metallurgie

40. Mani-raga jnana - Die Kunst, Juwelen zum Klingen zu bringen

41. Akara jnana - Kunst der Mineralogie

42. Vrikshayur-veda-yoga - Die Kunst, Medizin oder medizinische
Behandlung durch Kräuter zu praktizieren

43. Mesha-kukkuta-lavaka-yuddha-vidhi - Kunst der Kenntnis der
Kampfweise von Lämmern, Hähnen und Vögeln

44. Suka-sarika-pralapana - Kunst der Unterhaltung zwischen
männlichen und weiblichen Kakadus

45. Utsadana - Kunst der Heilung oder Reinigung einer Person
mit Parfüm

46. Kesa-marjana-kausala - Kunst des Kämmens der Haare

47. Akshara-mushtika-kathana - Die Kunst, mit den Fingern zu
sprechen

48. Dharana-matrika - Kunst der Verwendung von Amuletten

49. Desa-bhasha-jnana - Die Kunst, die Dialekte der Provinzen
zu kennen

50. Nirmiti-jnana - Kunst der wissenden Vorhersage durch die
himmlischen Stimmen

51. Yantra-martika - Kunst der Mechanik

52. Mlecchita-kutarka-vikalpa - Kunst der Erfindung barbarischer oder fremder Sophisterei

53. Samvacya - Kunst der Konversation

54. Manasi kavya-kriya - Die Kunst, Verse zu komponieren

55. Kriya-vikalpa - Die Kunst, ein literarisches Werk oder ein medizinisches Heilmittel zu entwerfen

56. Chalitka-Yoga - Die Kunst, als Erbauer von Schreinen zu praktizieren

57. Abhidhana-kosha-cchando-jnana - Kunst des Gebrauchs von Lexikographie und Metrik

58. Vastra-gopana - Kunst des Verbergens durch Tücher

59. Dyuta-visesha - Kunst des Wissens über spezifische Glücksspiele

60. Akarsha-krida - Kunst des Spiels mit Würfeln oder Magneten

61. Balaka-kridanaka - Kunst der Verwendung von Kinderspielzeug

62. Vainayiki vidya - Kunst der Durchsetzung von Disziplin

63. Vaijayiki vidya - Die Kunst, den Sieg zu erringen

64. Vaitaliki vidya - Kunst des Erwachens des Meisters mit Musik in der Morgendämmerung

Sie sehen, dass viele dieser Künste in der heutigen Gesellschaft nichts mehr zu suchen haben, um Sie attraktiver zu machen, aber es gibt einige, die auch heute noch anwendbar sind.

Der Zweck dieser Künste besteht nicht darin, einen guten Ehepartner zu finden, sondern eine Person zu finden, die die Qualitäten besitzt, die man sich von einem Ehepartner wünscht, und dieser Person ein gutes Gefühl zu geben. Die Inder der alten Welt achteten besonders auf die Details, bevor sie den Geschlechtsverkehr genießen konnten. Die Kenntnis der vierundsechzig Künste war wichtig, um sicherzustellen, dass das Vorspiel richtig ausgeführt wurde. Wir werden das Vorspiel später in diesem Buch behandeln, aber zuerst werden wir uns damit beschäftigen, wie das Kamasutra Ihrem Körper und Ihrem Geist Glück und Gesundheit bringen kann.

Kapitel 3 : Kamasutra - Glück und Gesundheit für Körper und Geist

Wenn es gut praktiziert wird, kann das Kamasutra viele gesundheitliche Vorteile für unser körperliches, physiologisches und geistiges Wohlbefinden bringen. Dafür gibt es verschiedene Gründe, von denen einige die Yoga-Basis der sexuellen Stellungen, die tantrische Massage sowie die Förderung engerer Beziehungen zwischen Paaren umfassen.

Es gibt viele Vorteile der Yoga-Positionierung im Liebesaspekt des Kamasutra. Yoga ist bekannt dafür, dass es viele Vorteile bietet, von Flexibilität und Entspannung bis hin zu erhöhter Durchblutung und geistiger Klarheit.

Die tantrische Massage ist eine erotische Massage, die die Partner ermutigt, den Körper des anderen wirklich kennen zu lernen. Indem sie mit dem Körper des anderen vertraut werden, können die Partner lernen, was ihr Partner außerhalb der typischen Erregungspunkte erregend findet.

Die Förderung gesunder Beziehungen zwischen Partnern findet sowohl im als auch außerhalb des Schlafzimmers statt. Das Kamasutra erkennt an, dass es eine Verbindung zwischen den intimen Teilen einer Beziehung und den alltäglichen Bewegungen gibt, die ein Paar durchlebt. Die Fähigkeit, sich im und außerhalb des Schlafzimmers zu verbinden, hilft einem Paar, eine nährende Bindung aufzubauen, die nicht gebrochen werden kann.

Es gibt viele andere Möglichkeiten, wie ein gesundes Sexualleben, wie es im Kamasutra beschrieben wird, zu Ihrer Gesundheit und Ihrem Glück beitragen kann.

Wenn sie richtig ausgeführt werden, sind die Kamasutra-Stellungen so konzipiert, dass sie die Bindung und die Neugier zwischen den Partnern fördern. Einige der fortgeschritteneren Stellungen fördern auch das Vertrauen in den anderen, um auszugleichen und nicht verletzt zu werden. Zu lernen, wie man sich gegenseitig befriedigt, ist eine Reise, die aufregend und belebend ist und neue Gefühle in der Beziehung aufkommen lässt.

Sex fördert auch die Produktion von Hormonen wie Oxytocin, das Sie gesund und strahlend hält. Eine Stunde sexuelle Aktivität entspricht einer Viertelstunde Joggen und kann bis zu zweihundert Kalorien pro Sitzung verbrennen. Es wird angenommen, dass Sex Stress bekämpft, die Gesundheit des Herzens fördert und dass Menschen, die regelmäßig Sex haben, weniger unter Arthritis, Depressionen, Angstzuständen und Stress zu leiden haben.

Das soll nicht heißen, dass man mit jedem Sex haben kann, um die Vorteile von Sex zu genießen. Das Kamasutra propagiert intimen Sex mit einem Partner. Um intimen Sex zu haben, muss eine Verbindung auf einer tieferen Ebene als nur der körperlichen bestehen. Es muss eine mentale, emotionale und spirituelle Verbindung zwischen zwei Partnern bestehen, um wirklich alle Vorteile von Sex in der Art und Weise zu nutzen, wie es das Kamasutra vorsieht.

Viele Menschen haben heute das Gefühl, dass ihr Sexualleben in einen Trott verfallen ist. Der Liebesakt wird langweilig und ermüdend, und Paare neigen dazu, sich in der täglichen Routine ihres Lebens zu verlieren. Das war schon in den alten indischen

Zeiten so und ist auch heute noch so. Deshalb wird im Kamasutra viel Zeit auf das Vorspiel verwendet.

Wenn eine Beziehung kein gesundes Sexualleben hat, stellt das Paar oft fest, dass es auch in anderen Bereichen seiner Beziehung Probleme gibt. Der Akt der Liebe schafft eine Nähe zwischen Mann und Frau, und das ist es, was das Kamasutra kultivieren soll.

Das Kamasutra legt großen Wert auf das Vorspiel und nicht auf den eigentlichen Geschlechtsakt. In den Lehren des Kamasutra wird betont, dass das Vorspiel aus vielen Gründen langsam angegangen werden sollte. Einige dieser Gründe sind:

- Das Vorspiel macht die Dinge im Schlafzimmer heißer und steigert die Vorfreude;

- Das Vorspiel ermöglicht es dem Mann und der Frau, den Körper des anderen kennen zu lernen;

- Das Vorspiel sorgt dafür, dass beide Partner auf dem Höhepunkt ihrer Erregung sind;

- Das Vorspiel schafft eine Verbindung zwischen den beiden Partnern.

Viele Menschen wissen nicht wirklich, was ein Vorspiel ist. In der heutigen Gesellschaft denken wir, dass das Vorspiel einfach das ist, was wir in den Momenten vor dem Sex tun, und in vielen Fällen haben die Menschen das Gefühl, dass dies unnötig ist. Das Kamasutra hat jedoch erkannt, dass Geschlechtsverkehr ohne Vorspiel der Intimität, die zwei Liebende empfinden sollten, abträglich sein kann. Das Kamasutra lehrt, dass großartiges Liebemachen im Kopf beginnt und die Vorbereitung auf das Liebemachen der wichtigste Teil der Gleichung ist.

In den nächsten Kapiteln dieses Buches werden wir analysieren, was das Vorspiel nach dem Kamasutra sein sollte und wie Sie diese Informationen in Ihrem persönlichen Leben nutzen können.

Kapitel 4 : Das Vorspiel und das Kamasutra als Einstieg

Beim Vorspiel das im Kamasutra beschrieben wurde, gab es Hinweise auf Diener und andere Personen, die dem Mann beim Einrichten des Zimmers helfen und für ihn die Frau sein sollten. In der heutigen Gesellschaft haben viele von uns keine Diener, auf die wir uns verlassen können, um diese Dinge für uns zu tun. Aus diesem Grund wurden die Schritte des Vorspiels so abgeändert, dass sie für die indische Kultur und die Zeit, für die sie geschrieben wurden, gelten. Stattdessen wurden sie so geschrieben, wie sie für das Leben der Menschen geeignet sind, die dieses Buch lesen, um zu lernen, wie sie mehr Glück in ihr Leben und ihre Beziehungen bringen können. Die folgenden Schritte mögen wie eine Menge Arbeit erscheinen, um alles vorzubereiten, aber die Vorbereitungen werden die Aufregung und das Vergnügen, das Sie und Ihr Partner empfinden, mit Sicherheit steigern, so dass es die Mühe wert ist.

1. Das Erste und Wichtigste, was Sie tun müssen, bevor Sie mit Ihrem Partner intim werden, ist, sich Zeit zum Entspannen zu nehmen. Nach einem langen, anstrengenden Arbeitstag müssen Sie sich die Zeit nehmen, sowohl Ihren Körper als auch Ihren Geist zu entspannen. Diese Entspannung können Sie auf die Art und Weise erreichen, die Sie für am effektivsten halten. Das kann eine heiße Dusche, ein Nickerchen oder ein Lauf sein. Indem Sie sich die Zeit nehmen, sich zu entspannen, bevor Sie mit Ihrem Partner intim werden, stellen Sie sicher, dass Sie nicht durch Gedanken an den Tag abgelenkt werden, während Sie mit Ihrem Partner zusammen sind.

2. Im Kamasutra wird der Raum, in dem Sie und Ihr Partner intim werden, als Lustzimmer bezeichnet. Die Dekoration des

Lustzimmers ist ein wichtiger Aspekt, um sicherzustellen, dass beide Partner angemessen erregt werden können. Wir werden zwar keine Girlanden und Blumensträuße in den Raum stellen, aber Sie können einige Duftkerzen oder Weihrauch anzünden. Zu den möglichen Düften gehören Jasmin, Zimt oder Ylang-Ylang. Eine weitere Möglichkeit, den Raum in eine bestimmte Stimmung zu versetzen, besteht darin, tantrische Musik im Hintergrund laufen zu lassen. Die Temperatur des Raumes ist sehr wichtig. Die Temperatur sollte warm sein, aber nicht zu warm. Der Raum soll zwar gemütlich sein, aber nicht so gemütlich, dass man sich zusammenrollt und einschläft. Denken Sie daran, dass Sie alle Ablenkungen, einschließlich Fernseher, Telefone, Laptops, Piepser und die Türklingel, ausschalten sollten.

3. Im Kamasutra heißt es, dass beide Partner beim Betreten des Lustzimmers frisch gereinigt sein sollten. Der Zweck der Sauberkeit besteht darin, sicherzustellen, dass Ihr Körper für Ihren Partner attraktiv ist. Das ist etwas, das sich im Laufe der Zeit nicht geändert hat. Dies ist auch eine großartige Gelegenheit, um den Alltag hinter sich zu lassen und mit dem Partner neu anzufangen.

Tragen Sie ein Parfüm, das die Sinne Ihres Partners erregt. Es ist wichtig, dass Sie einen Duft wählen, den Ihr Partner mag, und nicht einen, den Sie selbst mögen. Wenn Sie sich nicht sicher sind, welche Düfte Ihr Partner mag, sollten Sie einen neutralen Duft oder gar keinen Duft verwenden. Ein weiterer Vorschlag ist, etwas zu tragen, das für Ihren Partner optisch ansprechend ist. Das bedeutet nicht, dass Sie etwas tragen müssen, das freizügig ist, oder sogar etwas Neues kaufen müssen. Sie können eine Farbe tragen, die Ihrem Partner gefällt, oder sogar ein Outfit, für das Ihr Partner oft Komplimente macht.

4. Das Kamasutra fordert nachdrücklich dazu auf, den Partner zu umarmen, bevor man Liebe macht, aber es bezieht sich nicht auf eine alltägliche Umarmung. Wenn Sie sich nach den Anweisungen des Kamasutra umarmen, benutzen Sie viel mehr als nur Ihre Arme. Sie Berühren, reiben und drücken mit der Vorderseite ihres Körpers. Das Kamasutra sagt, dass Sie es vermeiden sollten, Ihre Hände zum Streicheln zu benutzen, und stattdessen die Berührungsempfindung des Körpers des anderen genießen sollten. Dies kann sowohl vor dem Betreten des Lustraums als auch während des Vorspiels geschehen.

5. Beziehen Sie das Bett mit sauberen Laken und Kopfkissenbezügen. Legen Sie ein Kissen auf jedes Ende des Bettes. Neben dem Bett sollten Sie eine Liege und einen niedrigen Tisch oder Hocker haben, auf dem Sie Ihre Massageöle und alle anderen Gegenstände, die Sie verwenden möchten, abstellen können.

6. Das Kamasutra ermutigt Sie, gemeinsam eine leichte Mahlzeit einzunehmen. Vermeiden Sie schwere Speisen, da diese eher dazu führen, dass Sie sich nach dem Essen unwohl und schläfrig fühlen. Stattdessen können Sie sich gegenseitig mit kleinen Bissen von Früchten und anderen aphrodisierenden Lebensmitteln füttern. In der Originalschrift des Kamasutras erklärt Vatsyayana, dass der Mann mit den Bändern spielt, die die Kleidung der Frau zusammenhalten. Dies lässt sich für die heutige Zeit leicht abwandeln, indem der Mann mit seinen Fingerspitzen am hinteren Ausschnitt des Hemdes der Frau entlangfährt oder, wenn sie einen Rock trägt, am Rocksaum, wo ihr Bein beginnt, sich zu zeigen.

7. Führen Sie während des Essens ein romantisches Gespräch. In dieser Zeit sollten Sie sich darauf konzentrieren, Ihrem Partner

zu zeigen, wie sehr Sie ihn lieben, ihm vertrauen und sich um ihn kümmern. Erwähnen Sie vergangene romantische Erlebnisse und erotische Bilder. Verwenden Sie Ihre Worte, um die Vorstellungskraft Ihres Partners zu beflügeln. Vatsyayana sagte, dass der Mann zu dieser Zeit die Frau auf den Balkon mitnimmt und ihr den Mond und die Sterne zeigt. Er zeigte ihr die Sternbilder und das Gespräch ging langsam von neutralen Themen mit einem vagen sexuellen Subtext zu offensichtlichen erotischen Bildern über.

Nun, da Sie eine Vorstellung davon haben, wie das Vorspiel beginnt, werden wir einen Blick darauf werfen, was aphrodisierende Lebensmittel sind, und dann die Umarmungen und Küsse erkunden, die im Kamasutra als angemessen für das Vorspiel beschrieben werden.

Kapitel 5 : Aphrodisierende Lebensmittel

Ein Aphrodisiakum ist etwas, das das sexuelle Verlangen stimuliert. Es gibt einige Lebensmittel, von denen man glaubt, dass sie die Lustzentren stimulieren und den Sexualtrieb und das Verlangen der Menschen, die sie essen, steigern. In jeder Kultur gibt es verschiedene Aphrodisiaka. Im Kamasutra wurden als Aphrodisiakum u. a. Reis, gemischt mit wildem Honig, sowie eine Mischung aus gemahlenen Kürbiskernen, Mandeln, Zuckerrohr und Bambuswurzeln, die mit Milch und Honig vermischt wurden, empfohlen.

Die oben genannten Kombinationen mögen dem heutigen Menschen etwas seltsam erscheinen. Nachfolgend finden Sie eine Liste einiger der Lebensmittel, die heute als typische Aphrodisiaka verwendet werden.

- Avocado: Diese Frucht gilt seit langem als Aphrodisiakum. Der hohe Vitamin-E-Gehalt der Frucht könnte dafür verantwortlich sein, dass der Funke im Schlafzimmer überspringt, denn sie soll helfen, Jugend und Energie zu erhalten.

- Bananen: Bromelain ist ein Enzym, das in Bananen vorkommt und dafür bekannt ist, dass es die Testosteronproduktion anregt. Der Anstieg des Testosterons trägt zur Steigerung der Erregung bei Männern bei.

- Chilischoten: Dieses leuchtend rote Gewürz stimuliert Endorphine, die die gleichen Symptome hervorrufen können, die Sie spüren, wenn Sie erregt sind.

- Schokolade: Zartbitterschokolade kann einen chemischen Schub auslösen, der Lustgefühle auslöst. Deshalb ist schokoladenüberzogenes Obst ein beliebtes Dessert für Paare.

- Kaffee: Koffein ist ein Stimulans, das die Durchblutung des Körpers fördert. Außerdem steht es in dem Ruf, Frauen in eine erregte Stimmung zu versetzen.

- Honig: Honig hilft, den Hormonspiegel aufrechtzuerhalten und steigert gleichzeitig die Energie.

- Olivenöl: Die Griechen glaubten, dass Olivenöl die Potenz des Mannes stärkt. Es ist auch eine gute Quelle für einfach und mehrfach ungesättigte Fette, die für die Gesundheit wichtig sind.

- Austern: Dies ist wahrscheinlich das erste, woran die Menschen denken, wenn sie an aphrodisierende Lebensmittel denken. Austern enthalten Aminosäuren, die bei der Produktion der Hormone helfen, die für den Sex benötigt werden.

- Pinienkerne: Es ist erwiesen, dass Zink mit einem gesunden Sexualtrieb in Verbindung steht. Pinienkerne sind reich an Zink, weshalb sie als Aphrodisiakum gelten.

- Kürbiskerne: Diese kleinen Kerne sind unglaublich reich an Magnesium. Magnesium trägt zur Erhöhung des Testosteronspiegels bei, indem es dafür sorgt, dass mehr davon in den Blutkreislauf gelangt.

- Erdbeeren: Diese Frucht eignet sich hervorragend zum gegenseitigen Füttern als Nachtisch, der das Blut in allen Körperregionen fließen lässt.

- Wassermelone: Man nimmt an, dass diese Frucht eine Viagra-ähnliche Wirkung auf den Körper hat, weil sie die Blutgefäße entspannt und dadurch den Blutfluss verbessert.

- Schlagsahne: Es gibt zwar keinen wissenschaftlichen Grund dafür, dass Schlagsahne die Libido steigert, aber sie kann unglaublich erotisch sein, wenn man sie zusammen mit einem Partner isst, und sie bringt einen sicher in Stimmung.

Es gibt viele andere Lebensmittel, die als Aphrodisiaka gelten, wie Feigen, Kirschen, Granatäpfel, Artischocken, Rucola und Chai-Tee. Da es so viele Möglichkeiten gibt, können Sie sicher eine leichte Mahlzeit oder einen Snack zusammenstellen, den Sie und Ihr Partner gemeinsam genießen können.

Es wird zwar angenommen, dass Aphrodisiaka tatsächlich das sexuelle Verlangen steigern, aber sie sind in allen Ländern und Kulturen verbreitet. Im Grunde genommen ist ein Aphrodisiakum die Art und Weise, wie der Mensch einen Weg zu besserem Sex finden will.

Leider hat die FDA festgestellt, dass es keinen Ansatz gibt, der das sexuelle Verlangen von Menschen steigern kann. Aber das hält die Menschen nicht davon ab zu glauben, dass ein Aphrodisiakum wirkt.

Lebensmittel sind eines der am häufigsten vorkommenden Aphrodisiaka in der Welt, weil sie den Genitalien eines Menschen so sehr ähneln. Wie bereits erwähnt, gibt es viele verschiedene Lebensmittel, die als Aphrodisiakum gelten. Muscheln und Austern werden am häufigsten mit Aphrodisiaka in Verbindung gebracht, und zwar wegen ihrer Form und der Beschaffenheit, die sie beim Verzehr aufweisen. Die Wahrheit ist jedoch, dass sie einen hohen Zinkgehalt haben, der vielen Menschen in ihrer Ernährung fehlt, und dass ihr Verzehr die Gesundheit fördert und somit den Sexualtrieb steigert.

Gewürzte Lebensmittel haben der Tatsache, dass Lebensmittel den Sexualtrieb steigern können, einen gewissen wissenschaftlichen Wahrheitsgehalt verliehen. Dies ist jedoch auf ein Gewürz zurückzuführen, das in Cayennepfeffer enthalten ist und als Capsaicin bekannt ist und eine Erhöhung der Herzfrequenz sowie des Stoffwechsels bewirkt. Es kann sogar zu Schweißausbrüchen kommen, die den Symptomen ähneln, die man beim Sex erleben kann.

So seltsam es auch klingt, Okra ist ein Gemüse, das reich an Magnesium ist, aber auch ein natürliches Entspannungsmittel ist. Alle Vitamine, die in Okra enthalten sind, sind gut für die Sexualorgane, was zur Steigerung des Sexualtriebs beitragen kann. Allerdings wird der Verzehr von Okra Ihren Sexualtrieb nicht steigern, nur weil Sie es zu sich genommen haben.

Kräuter werden nicht oft als Lebensmittel betrachtet, aber sie werden zum Würzen von Speisen verwendet, so dass sie trotzdem in den Körper gelangen. Eines der Kräuter, das am häufigsten mit Liebe in Verbindung gebracht wird, ist Ginseng, und zwar deshalb, weil es einem menschlichen Körper ähnelt. Und wenn man sich die Übersetzung des Namens ansieht, bedeutet er eigentlich Menschenwurzel. Wenn man Tieren Ginseng verabreichte, kam es zu einer Steigerung der sexuellen Reaktion, aber leider nicht beim Menschen.

Ein Kraut, das sowohl in Indien als auch in Afrika vorkommt, ist die Yohimbe, von der man annimmt, dass sie die Eigenschaften eines Aphrodisiakums hat. Es wird angenommen, dass Yohimbe die Nerven in der Wirbelsäule stimuliert, was zu einer Erektion führen kann, ohne dass die sexuelle Erregung gesteigert werden muss. Dieses Kraut ist jetzt als die pflanzliche Form von Viagra bekannt. Wenn Sie dieses Kraut verwenden wollen, müssen Sie jedoch wissen, dass es Nebenwirkungen gibt, die ziemlich schwerwiegend sein können. Diese Nebenwirkungen sind Überstimulation, Halluzinationen, Angstzustände, Schwäche und sogar die Möglichkeit von Lähmungen.

Ich weiß nicht, wie es Ihnen geht, aber ich denke, ich werde mich an natürliche Methoden halten, anstatt diese Auswirkungen zu riskieren.

Es gibt viele andere Aphrodisiaka, die Sie verwenden können, aber wie bereits erwähnt, hat die Wissenschaft nicht wirklich bewiesen, dass die Verwendung dieser Methoden Ihr sexuelles Verlangen steigern wird. Aber ein Versuch kann nie schaden, oder? Auch wenn Sie Aphrodisiaka ausprobieren, müssen Sie vorsichtig sein, was einige der Nebenwirkungen sein könnten. Nicht alle davon werden schwerwiegend sein und Sie dauerhaft schädigen. Allerdings kann eine allergische Reaktion das Verlangen ziemlich schnell bremsen, wenn Sie mich fragen!

Was auch immer Sie tun, genießen Sie Ihr Liebesspiel und haben Sie Spaß dabei!

Kapitel 6 : Die Bedeutung der Kommunikation während des Liebesspiels

Das Kamasutra legt großen Wert auf die Bedeutung der Kommunikation während des Liebesaktes. Der uralte Text beschreibt die vielen verschiedenen Möglichkeiten, die Paare haben, um miteinander zu kommunizieren, während sie den Körper des anderen auf sinnliche Weise erkunden.

Die verschiedenen Arten des Vorspiels, die wir in diesem Buch besprochen haben, sind allesamt großartige Möglichkeiten für Paare, die Kommunikation zu beginnen, um das Liebesspiel zu stimulieren.

Es ist wichtig, dass Sie und Ihr Partner während des gesamten Vorspiels und Liebesspiels offen miteinander kommunizieren. Wenn Sie nicht sicherstellen, dass Sie beide miteinander kommunizieren, kann dies dazu führen, dass einer der beiden Partner mit dem Erlebnis unzufrieden ist.

Eine offene Kommunikation ist sogar noch wichtiger, wenn Sie und Ihr Partner die Entscheidung getroffen haben, etwas Neues auszuprobieren. Es ist wichtig, sicherzustellen, dass Sie beide Freude an dem haben, was Sie tun. Wenn Ihr Partner keine Freude an dem hat, was Sie tun, können Sie ihm zeigen, dass Sie ihn genug respektieren, um aufzuhören und etwas anderes auszuprobieren, und so Vertrauen in die Beziehung aufbauen.

Das Kamasutra sagt, dass es beim Geschlechtsverkehr um Kommunikation und Vergnügen geht. Wenn ein Mangel an Kommunikation Sie oder Ihren Partner daran hindert, seine Bedürfnisse zu befriedigen, kann dies zu unnötigen Spannungen und Unzufriedenheit zwischen dem Paar führen.

Es gibt einige Dinge, über die man beim Sex sprechen möchte und über die man nicht sprechen möchte. Wenn Sie mit Ihrem Partner sowohl körperlich als auch verbal kommunizieren, werden Sie feststellen, dass Sie mehr Freude haben werden.

1. Lassen Sie Ihre Hände sprechen. Nicht alle Kommunikation muss verbal sein, manchmal ist die nonverbale Kommunikation wirkungsvoller. Versuchen Sie, sowohl verbale als auch nonverbale Signale einzubauen, wenn Sie mit Ihrem Partner Liebe machen. Lassen Sie Ihren Partner zum Beispiel mit dem Finger Kreise um Ihre Handfläche ziehen. Sagen Sie ihm dabei Dinge, die Ihnen gefallen, wie z. B. den Druck, den er ausübt, aber sagen Sie ihm auch etwas, das er ändern sollte, wie z. B. die Richtung, in die er geht.

2. Fragen Sie Ihren Partner nicht, ob er schon gekommen ist! Wenn Ihr Partner kommt, wird es für Sie ganz offensichtlich sein! Wenn Sie danach fragen, werden Sie Ihren Partner dazu bringen, dass es schwer ist, zum Höhepunkt zu kommen. Wenn er oder sie gerade dabei ist und Sie nicht wissen, ob er oder sie zum Orgasmus kommt oder nicht, dann werden Sie ihn oder sie dazu bringen, den Orgasmus zu beenden. Wenn Sie nicht wissen, ob Ihr Partner seinen Höhepunkt erreicht, bitten Sie ihn, Ihnen eine Art Signal zu geben, damit Sie wissen, dass Sie ihn erfolgreich zum Höhepunkt gebracht haben.

3. Zeigen Sie, dass Sie mögen, was Ihr Partner tut! Stöhnen Sie, winden Sie sich, schreien Sie, wenn Sie können! Lassen Sie

Ihren Partner wissen, dass er etwas gefunden hat, das Sie sehr gut finden, und dass Sie wollen, dass es öfter passiert.

4. Sagen Sie keine Dinge wie "ew" oder "eklig". Wenn Ihnen etwas nicht gefällt, was Ihr Partner tut, versuchen Sie, positivere Aussagen zu machen, anstatt zu schreien und die Stimmung zu ruinieren. Wenn die Zunge Ihres Partners also an eine Stelle kommt, die Sie eklig finden, versuchen Sie, ihm etwas anderes zu sagen, als das, was er tut. Seien Sie nicht zu kritisch mit Ihren Aussagen, sonst beenden Sie die Stimmung, bevor Sie dazu bereit sind. Nicht nur das, sondern Sie werden Ihrem Partner ein schlechtes Gewissen machen, und dann wird er vielleicht nicht so schnell wieder Lust auf Sex mit Ihnen haben.

5. Experimentieren Sie mit Dirty Talk. Manchmal kann es beängstigend sein, Dirty Talk zu verwenden, weil man Angst hat, wie ein Idiot zu klingen oder zu weit zu gehen. Das ist zwar eine häufige Angst, aber lassen Sie sich davon nicht abhalten. Wenn Sie oder Ihr Partner mit dem Dirty Talk zu weit gehen, dann sagen Sie es einander. Leiser Sex ist nicht immer etwas Schlechtes, aber Lärm kann dazu führen, dass Ihr Partner weiß, was Sie mögen.

6. Schauen Sie nicht auf Ihr Telefon! Telefone sind Teil des Alltags. Das heißt aber nicht, dass Sie gleich nach dem Sex ans Telefon gehen müssen. Verbringen Sie ein wenig Zeit mit Ihrem Partner, damit er nicht das Gefühl hat, es sei nur ein Geschäft gewesen. Schauen Sie nur dann auf Ihr Handy, wenn Sie unbedingt müssen.

7. Sie haben die Macht, nein zu sagen. Wenn Ihnen nicht gefällt, was vor sich geht, sollten Sie nicht schweigen. Lassen Sie es Ihren Partner sofort wissen. Und haben Sie nie das Gefühl,

dass Sie etwas Falsches tun, wenn Sie Nein sagen. Sie tun das Richtige und schützen sich selbst.

Kapitel 7 : Die Umarmungen des Kamasutra

Nachdem Sie sich in Ihrem Lustzimmer in Stimmung gebracht haben und wissen, welche Nahrungsmittel bei Ihnen und Ihrem Partner am ehesten die Erregung steigern, können Sie nun die vielen verschiedenen Aspekte des Vorspiels erkunden. In diesem Kapitel werden wir einen Blick auf die Arten von Umarmungen werfen, die das Kamasutra auflistet.

Wenn es um die Kunst der Liebe geht, sind Umarmungen sehr mächtig. Die Umarmungen, die wir hier aufzählen werden, sind keine alltäglichen Umarmungen. Das Kamasutra nennt zwölf Umarmungen, die typischerweise in Beziehungen vorkommen, aber auch als Vorspiel verwendet werden können.

Die Umarmung der Brüste - Bei dieser Umarmung drückt der Mann seine Brust zwischen die Brüste seiner Frau. Das ist die Art von Umarmung, die später beim Vorspiel stattfinden würde.

Die Umarmung der Stirn - Dies ist eine weitere unglaublich persönliche Umarmung. Sie ist eine Geste der Zuneigung und lässt zwei Partner sich verbunden fühlen. Diese Umarmung findet statt, wenn eine Partei drei verschiedene Körperteile an denselben Stellen des Partners oder der Partnerin berührt.

Die Umarmung des Jaghana - Diese Umarmung ist mit einem gewissen Schmerz verbunden, der nicht für jeden geeignet ist. Manche Menschen finden, dass dieses kleine bisschen Schmerz ihre Erfahrung bereichert. Diese Umarmung findet statt, wenn ein

Mann den Bereich, der als Jaghana bekannt ist, auf seine Geliebte drückt. Dieser Bereich befindet sich zwischen den Oberschenkeln der Frau und ihrem Bauch mit seinem eigenen Körper, wenn er auf ihr liegt. Nachdem dies geschehen ist, wird der Schmerz durch den Einsatz von Zähnen oder Nägeln angewendet.

Die Umarmung der Schenkel - Diese Umarmung findet statt, wenn einer der beiden Partner einen oder beide Oberschenkel des Partners gewaltsam zwischen die eigenen drückt.

Die Milch-und-Wasser-Umarmung - Diese Umarmung wird oft so interpretiert, dass man sich mit seinen Kleidern liebt. Eine Frau und ein Mann umarmen sich, als ob sie versuchen würden, ihre Körper miteinander zu verschmelzen und eins zu werden.

Die Piercing-Umarmung - Diese Umarmung findet statt, wenn eine Frau sich bückt, als wolle sie etwas aufheben, und einen Mann mit ihren Brüsten "durchbohrt". Der Mann würde sie dann festhalten.

Die drückende Umarmung - Hierbei drückt der Mann den Körper seiner Partnerin gewaltsam gegen eine Wand. Diese Umarmung mit einem tiefen Kuss zu verbinden, ist ein sicherer Weg, um das Blut beider Partner in Wallung zu bringen.

Die reibende Umarmung - Diese Umarmung findet statt, wenn zwei Liebende langsam zusammen gehen und ihre Körper aneinander reiben.

Die Sesamsamen-Reis-Umarmung - Diese Umarmung findet statt, wenn zwei Menschen zusammen auf einem Bett liegen und sich so ineinander verheddern, dass es schwer zu erkennen ist, wo die eine Person aufhört und die andere beginnt.

Die berührende Umarmung - Hierbei handelt es sich weniger um eine Umarmung als um eine sanfte Berührung von einem Partner zum anderen. Bei dieser Umarmung berührt ein Partner seine Partnerin subtil mit seinem Körper, während er vor ihr oder neben ihr geht.

The Tree Climbing Embrace - Bei dieser Umarmung stellt eine Frau einen Fuß auf den ihres Mannes und den anderen auf seinen Oberschenkel. Nachdem dies geschehen ist, verschränkt sie ihre Arme hinter seinem Rücken, während sie wie ein Vogel klingt.

Die Umschlingung eines Kriechers - Das ist, wenn eine Frau sich an ihren Liebhaber klammert, ähnlich wie eine Schlingpflanze sich um einen Baum wickelt. Sie benutzt sowohl ihre Arme als auch ihre Beine und senkt sein Gesicht, als ob sie ihre Lippen auf die seinen legen würde. Dies ist eine Umarmung, die nur unter vier Augen stattfinden kann.

Der Akt der Umarmung ist ein wichtiges Mittel für den Beginn des Vorspiels. Es gibt vier verschiedene Stufen der Umarmung. Für Paare, die sich noch nicht kennen, ist die Umarmung eine gute Möglichkeit, die Distanz zwischen ihnen zu überwinden, während ein Paar, das sich bereits kennt, die Umarmung mit Schwung angeht.

Im Folgenden werden die vier verschiedenen Methoden der Umarmung aufgeführt.

Berührungen - Die Partner fangen an, sich gegenseitig zu berühren, während sie sprechen.

Ziehen - Der Abstand zwischen den Partnern wird durch gegenseitiges Heranziehen geschlossen.

Reiben - Die Partner beginnen, sich gegenseitig zu streicheln und zu liebkosen.

Hartes Pressen - Die Partner drücken sich in Erwartung des Geschlechtsverkehrs fest aneinander.

Neben der Umarmung ist die Massage eine weitere wichtige Form des Vorspiels. Die Massage hat die Fähigkeit, dem Partner das Gefühl der Wertschätzung und Entspannung zu geben; diese Gefühle führen zu einem größeren Vergnügen, wenn der eigentliche Geschlechtsakt stattfindet.

Eine Massage zu geben ist nicht schwer, und es gibt keine richtige oder falsche Methode, solange Ihr Partner sie genießt. Hier sind einige Tipps, die zum Erfolg Ihrer Massage beitragen.

- Verwenden Sie ein Massageöl oder eine Lotion mit einem Duft, den Sie und Ihr Partner anziehend finden. Ein Massageöl ist zwar nicht notwendig, aber ein schönes Öl macht die Massage noch sinnlicher, als wenn Sie kein Öl verwenden.

- Beginnen Sie Ihre Massage am oberen Teil des Körpers Ihres Partners, im Kopf-/Nackenbereich. Führen Sie Ihre Hände vom Nacken, knapp unterhalb des Haaransatzes, hinunter zum Schulterbereich.

- Streichen Sie mit langen Strichen den Rücken Ihres Partners hinunter und enden Sie direkt über seinem Po.

- Halten Sie Ihre Streichungen fest, aber nicht hart. Dies soll eine sinnliche Massage sein, im Gegensatz zu einer Tiefengewebsmassage.

- Wechseln Sie mit unterschiedlichem Druck zwischen langen, beruhigenden Streichungen und kreisenden Bewegungen ab.

- Massieren Sie die Arme mit langen Ausstreichungen von der Schulter bis zu den Fingerspitzen.

- Massieren Sie mit der gleichen Technik wie bei den Armen die Beine bis zu den Füßen.

Das Vorspiel sollte nie überstürzt werden, denn jede Berührung und jede Liebkosung hilft Ihnen und Ihrem Partner, mehr über den anderen zu erfahren und darüber, was Sie mögen und was Sie nicht mögen und was zu Ihrer Erregung führt.

Nachdem wir nun alle Umarmungen, die Teil des Kamasutras sind, behandelt haben, und auch, wie man die Massage zu seinem Vorteil nutzen kann, gehen wir nun zu den verschiedenen Arten von Küssen über, die im Kamasutra enthalten sind.

Kapitel 8 : Die Küsse des Kamasutra

Wenn es um den Aspekt des Küssens im Kamasutra geht, ist das ein sehr ausführliches Thema. Es gibt vier verschiedene Arten des Küssens sowie viele verschiedene Techniken.

Die Arten des Küssens

Nach dem Kamasutra gibt es vier verschiedene Arten des Küssens. Diese vier Arten sind zusammengezogen, moderat, gedrückt und weich. Die Art des Kusses hängt von dem Körperteil ab, den man küsst. Im Folgenden werden wir jede Art von Kuss und den Zeitpunkt, zu dem er verwendet werden sollte, beschreiben.

Zusammengezogen - Diese Art von Kuss verwenden Sie, nachdem Sie mit Ihren Nägeln über die Haut Ihres Partners gekrochen sind. Diese Art des Kusses ist fest und soll die Haut ihres Liebhabers von dem Gefühl ablenken, wie sich ihr Nagel über ihn bewegt.

Mäßig - Diese Art des Kusses ist den Wangen, dem Mund, den Brüsten, dem Bauch und den Hüften vorbehalten, wo es viel Fleisch gibt und Sie Ihre Zähne hineinstecken können, ohne echte Schmerzen zu verursachen. Dies ist eine dringende Art des Kusses, die eindringlich ist und an der Grenze zum Schmerz steht.

Gepresst - Bei dieser Art des Kusses wird die Zunge eingesetzt, um die Kurven des Körpers nachzuzeichnen. Es ist ein sinnlicher Kuss, der den Partner vor Verlangen erbeben lassen soll.

Sanft - Diese Art des Kusses wird dort eingesetzt, wo die Gliedmaßen den Körper berühren, sowie an den Brüsten. Die Zunge wird verwendet, um sanft zu necken und wird mit sanften Kniffen der Zähne unterbrochen. Dieser Kuss ist so sanft, dass er die Konzentration des Partners erfordert, um ihn wirklich zu spüren.

Die Methoden des Küssens

Neben den vier Arten des Küssens gibt es auch verschiedene Methoden des Küssens, die im Kamasutra beschrieben werden. Küssen ist mit Sicherheit einer der wichtigsten Aspekte des Vorspiels, und die verschiedenen Techniken ermöglichen es uns, unsere Lippen zu benutzen, um unserem Partner die Tiefe unseres Verlangens mitzuteilen.

Der Klammerkuss - Bei diesem Kuss nimmt ein Partner die Lippen seines Liebhabers zwischen seine eigenen. Wenn ein Partner auf diese Weise die Kontrolle über den anderen übernimmt, kann das sehr sinnlich sein.

Zungenkampf - Wenn eine Frau ihren Partner küsst und er daraufhin seine Zunge in ihren Mund schiebt, gilt dies als Zungenkampf um die Kontrolle.

Der Greatly Pressed Kiss - Bei diesem Kuss muss die Gebende die Lippen ihres Partners zwischen ihre Finger nehmen und ihre Zunge an die Lippen ihres Liebhabers legen, bevor sie seine Lippen vollständig küssen kann.

Der Oberlippenkuss - Bei diesem intimen Kuss konzentriert sich der Mann auf die Oberlippe der Frau, während sie sich auf seine Unterlippe konzentriert. Dieser Kuss soll die Leidenschaft des Paares entfachen.

Der Kuss, der aufweckt - Dies ist ein Kuss, der auf einen schlafenden Partner mit der Absicht gegeben wird, ihn aufzuwecken. Typischerweise wird dieser Kuss von jemandem gegeben, der spät in der Nacht nach Hause gekommen ist.

Der Kuss, der die Liebe entfacht - Dies ist ein Kuss, bei dem eine Person ihren Geliebten bewundernd ansieht und verschiedene Teile seines Gesichts küsst, um ihr Verlangen nach ihrem Partner zu zeigen. Dieser Kuss soll den schlafenden Partner zwar nicht aufwecken, aber es wird angenommen, dass der schlafende Partner das Verlangen des wachen Partners in seinen Träumen spürt.

Der Kuss, der sich abwendet - Dies ist ein Kuss, der während eines Streits oder einer Meinungsverschiedenheit verwendet wird, um die Aufmerksamkeit des Partners von dem abzulenken, worauf er sich gerade konzentriert. Dieser Kuss wird einem der Partner aufzwingen, in der Hoffnung, seine Aufmerksamkeit auf den anstiftenden Partner zu lenken, anstatt auf das eigentliche Problem.

Der Pressed Kiss - Dieser Kuss ist ein harter, leidenschaftlicher Kuss, bei dem die Lippen des Liebhabers auf die Unterlippe gedrückt werden. Die Kraft, die mit dem Küssen der Unterlippe verbunden ist, lässt unseren Partner nach mehr verlangen.

Der rührende Kuss - Dies ist ein Kuss, der von einer Frau auf eine warme und verführerische Weise ausgeführt wird. Es wird gesagt, dass dieser Kuss, wenn er richtig ausgeführt wird, einen Mann, der nicht in der Stimmung für Sex ist, erregen kann.

Der pochende Kuss - Dieser Kuss konzentriert sich darauf, die Unterlippe Ihres Partners zu küssen und die Oberlippe zu ignorieren. Er soll dazu dienen, dass Ihr Partner mehr will.

Der Berührungskuss - Dieser Kuss wird verwendet, wenn sich die Lippen der Liebenden zum ersten Mal berühren. Die Gebende streichelt sanft die Lippen ihres Geliebten mit der Zungenspitze und ergreift die Hand ihres Partners, während sie die Augen geschlossen hält.

Der gedrehte Kuss - Bei diesem Kuss ergreift der Küssende die Hand seiner Partnerin und dreht ihr Gesicht mit der freien Hand sanft zu sich. Dies ist ein Kuss, den wir oft in Filmen sehen und der uns romantisch vorkommt, da der Mann die Rolle des Sensiblen und Kraftvollen spielt.

Vatsyayana beschrieb die verschiedenen Arten des Küssens und wies auch darauf hin, dass jeder Mensch auf verschiedene Küsse unterschiedlich reagiert, was in einer Beziehung eine wichtige Rolle spielt. Da der Kuss der erste Schritt zu einer sexuell aktiven Beziehung ist, ist es wichtig, dass er von beiden Partnern genossen wird. Wenn er nicht von beiden Partnern genossen wird, kann dies zu einem abrupten Ende der Beziehung führen. Da das Küssen ein wichtiger Bestandteil des Vorspiels ist, sollten Sie unbedingt auf die Signale Ihres Partners achten, damit Sie herausfinden können, was er beim Küssen mag und was nicht.

Kapitel 9 : Pressen, Markieren, Kratzen und Beißen

UMarmen und Küssen sind nicht die einzigen Aspekte des Vorspiels, die das Kamasutra behandelt. Es legt auch Wert darauf, dass Sie Ihre Nägel und Zähne einsetzen, um Ihrem Partner Freude zu bereiten.

Nägel

Mit den Fingernägeln den Partner zu drücken, zu markieren und zu kratzen, wenn der Akt intensiv wird, ist nur in vier verschiedenen Situationen akzeptabel. Diese vier Situationen sind:

- Die erste sexuelle Interaktion mit einem Partner;

- Wenn ein Partner sich auf eine Reise begibt;

- wenn ein Partner von einer Reise zurückkehrt; und

- Nach der Versöhnung eines Kampfes.

Vergewissern Sie sich, dass Ihre Nägel sauber und frei von scharfen Kanten sind, bevor Sie Ihren Partner drücken, markieren oder kratzen.

Auch wenn die Liste im Kamasutra nicht alle Arten von Abdrücken enthält, die man mit seinen Fingernägeln auf seinem Partner hinterlassen kann, so umfasst das Kamasutra doch acht verschiedene Arten von Abdrücken.

Kreis - Das sind zwei Halbmonde, die gegenüberliegend eingeprägt werden, typischerweise am Bauchnabel, am Gesäß oder am Gelenk des Oberschenkels.

Halbmond - Dieses Zeichen wird typischerweise am Hals oder an den Brüsten hinterlassen und hat eine geschwungene Form.

Sprung eines Hasen - Dieses Symbol wird in der Nähe der Brustwarze platziert und besteht aus fünf Zeichen, die alle nebeneinander liegen.

Leaf Of A Blue Lotus - Dieses Zeichen hat die Form eines Blattes und wird an der Brust oder der Hüfte angebracht.

Linie - Diese Markierung ist eine einfache Linie, die sich an jeder beliebigen Stelle befinden kann.

Pfauenfuß - das ist ein Zeichen, das von allen fünf Nägeln auf der Brust gemacht wird. Das Zeichen hat ein geschwungenes Aussehen und erfordert ein hohes Maß an Geschicklichkeit, um es korrekt auszuführen.

Sondieren - Hierbei wird der Nagel so fest auf die Haut des Partners gedrückt, dass ein Geräusch entsteht, aber dies geschieht ohne Schmerzen und hinterlässt daher keine Spuren auf dem Körper. Dies wird typischerweise am Kinn, den Brüsten, der Unterlippe und der Jaghana durchgeführt.

Tigerkralle - Dieses Zeichen wird normalerweise auf der Brust hinterlassen und hat die Form einer gebogenen Linie.
Wenn ein Partner auf eine Reise geht, ist es üblich, ein Zeichen auf den Oberschenkeln oder der Brust des Geliebten als Zeichen der

Erinnerung zu machen. Dieses Zeichen besteht aus drei oder vier Linien, die dicht beieinander liegen.

Zähne

Eine andere Form der sexuellen Kommunikation ist der Akt des Beißens. Das Kamasutra erklärt, dass Beißen die Hitze der Liebe anheizt und sagt, dass alle Kusspunkte außer den Augen, der Oberlippe und der Zunge zum Beißen geeignet sind, solange der Partner dazu bereit ist. Während ein ganzes Kapitel im Kamasutra dem Beißen gewidmet ist, warnte Vatsyayana davor, die Zähne zu benutzen, um den Partner zu verletzen. Im Folgenden werden wir einige der gebräuchlichsten Arten von Bissen behandeln. Beachten Sie, dass keiner der Bisse die Haut verletzt, obwohl einige davon Spuren hinterlassen.

Versteckter Biss - Dieser Biss wird in der Regel von einem Mann ausgeführt. Er ist an dem roten Fleck zu erkennen, den er hinterlässt, aber es gibt keine anderen Markierungen. Er wird in der Regel an der Unterlippe der empfangenden Person durchgeführt.

Angeschwollener Biss - Um den Angeschwollenen Biss auszuführen, muss der beißende Partner auf beiden Seiten der Stelle, auf die er beißen will, nach unten drücken. Dadurch schwillt der Bereich, in den gebissen werden soll, nach oben an. Dies geschieht in der Regel an der Unterlippe der empfangenden Person.

Der Biss des Ebers - Dies ist eine Reihe von Bissen, die um die Schultern herum in der Nähe von einander gemacht werden. Diese Bisse sind nur so tief, dass sie Abdrücke und Rötungen hinterlassen und den Anschein erwecken sollen, als hätte sich ein Tier daran gütlich getan.

Die zerbrochene Wolke - Dieser Biss wird von einem Mann an einer Frau vorgenommen. Der Mann beißt in Bereiche der Brust der Frau und hinterlässt ungleichmäßige Spuren, die wie eine zerbrochene Wolke aussehen.

The Coral And The Jewel - Dieser Biss ist für die Kehle, die Oberschenkel und die Oberschenkelknochen gedacht, um ein maximales Vergnügen zu erreichen. Bei diesem Biss werden sowohl alle Zähne als auch die Lippen eingesetzt. Der Beißer bringt seine Zähne und seine Lippen während des Bisses zusammen, wobei die Lippen als Koralle und die Zähne als Juwel betrachtet werden.

Die Linie der Punkte - Bei dieser Technik beißt der Beißer mehrmals zu, und zwar so fest, dass er eine Markierung hinterlässt. Die Spuren bilden eine Linie. Bei dieser Technik wird keine Haut verletzt, es bleiben nur rote Spuren zurück. Diese Technik wird in der Regel am Oberschenkel, in der Achselhöhle oder am Hals angewendet.

Die Spitze - Dies geschieht normalerweise an der Unterlippe. Der Beißer benutzt nur seine beiden Vorderzähne und hinterlässt zwei rote Flecken.
Beißen sollte nie mit der Absicht geschehen, die Haut zu verletzen, sondern dient dazu, das Verlangen zwischen zwei Partnern zu entfachen. Es ist wichtig, dass Sie das Einverständnis Ihres Partners einholen, bevor Sie mit den Zähnen oder den Nägeln eine Markierung vornehmen.

Das zentrale Anliegen des Kamasutras ist es, Sexualität in Erotik zu verwandeln, aber Vatsyayana wies darauf hin, dass unkontrollierte Wildheit des Begehrens die erotische Lust überwältigen und zu einem Verlust der Menschlichkeit führen kann. Aus diesem Grund erklärte er, dass beide Parteien auf der gleichen Welle sexueller

Energie liegen sollten, um zu vermeiden, dass einer der Partner als
zu aggressiv erscheint.

Kapitel 10 : Schlagen - Wo man schlägt, wie man schlägt und welche Geräusche man macht

Vatsyayana verglich Geschlechtsverkehr mit einem Streit. Der Grund dafür, dass dies in den Parametern enthalten ist, liegt in denjenigen, die dazu neigen, damit zu argumentieren. Das Kamasutra war sehr spezifisch, was den Akt des Schlagens anging. Es gibt Stellen, die als angemessen angesehen werden, um zu schlagen, bestimmte Arten, die Hand beim Schlagen zu halten und sogar verschiedene Geräusche, die vom Empfänger der Schläge akzeptiert werden.

Da manche Menschen den Akt des Streichelns während des Vorspiels als unglaublich erotisch empfinden, während andere es als abtörnend empfinden, ist dies ein weiterer Zeitpunkt, an dem es wichtig ist, sicherzustellen, dass Sie mit Ihrem Partner kommunizieren.

Das Schlagen soll die geschlagene Person überraschen und schockieren. Da es sich um eine Überraschung handelt, ist es nur logisch, dass die geschlagene Person schreien wird. Es gibt acht verschiedene Arten von Geräuschen, die im Kamasutra als angemessen aufgeführt sind.

- Der Laut Hin. Dies ist ein langer Laut, der ähnlich wie "in" ist, aber ohne das "n" am Ende.

- Ein lautes dröhnendes Geräusch, das als Donnern bezeichnet wird.

- Ein Geräusch des Vergnügens, ähnlich wie das Miauen eines Kätzchens oder ein gurrendes Geräusch.

- Ein weinendes Geräusch, das dem Weinen ähnlich ist.

- Das Geräusch Phut, ähnlich dem Geräusch, das man hört, wenn man etwas ins Wasser fallen lässt.

- Das Geräusch Phat, ähnlich dem Geräusch, das man hört, wenn Bambus gespalten wird.

- Der Sound Plat, ähnlich wie der Sound phat, aber lauter.

- Das Geräusch Sut ist ein Geräusch, bei dem die Zunge auf den Zähnen klickt.

Es gab noch andere Wörter und Laute, die im Kamasutra aufgeführt waren, wenn auch nicht so detailliert. Einige der Worte hatten eine spezifische Definition, wie die Worte "Mutter" und "Vater", die Worte des Verbots sind. Es gibt auch andere Wörter, die für die Freiheit stehen, aber auch für den Schmerz, den man empfindet, und für das Lob für das, was der Partner mit einem macht. Es gibt auch Laute, die zu Tieren gehören, die gelegentlich verwendet werden. Zu den Tieren, die verwendet werden, gehören verschiedene Vogelarten wie Papageien oder Spatzen.

Es gab nicht nur bestimmte Geräusche, die man machen konnte, sondern auch bestimmte Stellen, die man treffen konnte:

- Die Schultern;

- Der Kopf, aber nicht das Gesicht;

- Der Raum zwischen den Brüsten, aber nicht die Brüste selbst;

- Die Rückseite,

- Jaghana, der mittlere Teil des Körpers; und

- Die Seiten.

Es gab auch vier spezifische Arten, die als angemessen angesehen wurden, die Hand zu halten, wenn man sich entschied, seinen Partner zu schlagen.

Schlagen mit dem Handrücken - Diese Schläge sollen auf den Raum zwischen den Brüsten während des Geschlechtsaktes gerichtet werden. Dieser Raum sollte getroffen werden, wird sich erhöhen, bis Akt zu einem Ende gekommen ist.

Schlagen mit zusammengezogenen Fingern - Dieser Schlag soll vom Mann auf den Kopf der Frau ausgeführt werden, während er das Geräusch Phat macht. Die Frau sollte mit einem gurrenden Geräusch und dem Laut Phut antworten.

Schläge mit der Faust - Diese Schläge sollen auf den Rücken der Frau gerichtet werden, wenn sie auf dem Schoß des Mannes sitzt. Sie sollte diese Schläge auf den Mann erwidern und ihn beschimpfen, als ob sie wütend auf ihn wäre.

Schlagen mit der offenen Handfläche - Diese Schläge können auf alle geeigneten Körperteile gerichtet sein, aber sie sind nicht dazu gedacht, dem Empfänger körperliche Schmerzen zuzufügen, sondern sie sollen das körperliche Vergnügen steigern, das der Empfänger empfindet.

Liebesspiel und Sex sind eine Aktivität, an der wir alle irgendwann einmal teilnehmen. Wenn Sie sich mit Ihrem Partner darüber einig sind, was Ihnen beiden Spaß macht und was Sie beide für angemessen halten, ist das ein wichtiger Aspekt, um herauszufinden, was Sie beide genießen werden. Schlagen kann etwas sein, das Ihrem Liebeserlebnis Tiefe verleiht, solange es richtig gemacht wird.

Kapitel 11 : Die grundlegenden Sexstellungen

Das Kamasutra behandelt viele verschiedene Sexstellungen, zusätzlich zu all den Aspekten des Vorspiels, die wir bereits behandelt haben. Da die Sexstellungen nicht der Hauptschwerpunkt des Kamasutra sind, werden wir nicht zu sehr in die Tiefe gehen und stattdessen nur einige der grundlegenden Stellungen behandeln.

Die Umklammerungsposition - Dies ist eine Position, in der sowohl der Mann als auch die Frau ihre Beine während des Geschlechtsverkehrs übereinander ausstrecken.

Die erotische V-Stellung - Diese Stellung erfordert eine gewisse Flexibilität und wird erreicht, wenn die Frau auf der Kante eines Tisches sitzt und der Mann vor ihr steht. Der Mann muss eventuell seine Beine anwinkeln, um sich auf die Höhe der Frau zu bringen.

Die Pressing Position - Sie beginnt als Umklammerungsposition, die wir oben gesehen haben, und wird zur Pressing Position, wenn der Geschlechtsverkehr beginnt und die Frau ihren Liebhaber mit ihren Schenkeln drückt.

Die aufsteigende Position - Diese Position wird erreicht, wenn die Frau ihre beiden Oberschenkel gerade nach oben hebt, um sich für die Penetration zugänglicher zu machen.

Die Spaltbambusstellung - Bei dieser Stellung legt die Frau ein Bein über die Schulter ihres Liebhabers und wechselt dann ab, welches Bein auf der Schulter liegt.

Die Gähnstellung - Bei dieser Stellung hebt die Frau ihre Oberschenkel an und hält sie während des Geschlechtsverkehrs auseinander.

Sammukha: Die Frau lehnt sich mit gespreizten Beinen an eine Wand. Der Mann dringt dann in sie ein. Wenn Sie eine kleinere Frau sind, werden Sie vielleicht feststellen, dass diese Position etwas einfacher ist, wenn Sie auf etwas stehen. Durch den Kontakt ist diese Stellung sehr intim und bietet sogar die Möglichkeit, tiefer einzudringen.

Janukurpara: Für diese Stellung müssen sie stark sein. Bevor sie sie ausführen, sollten sie vielleicht ins Fitnessstudio gehen und sich daran gewöhnen, ein paar Gewichte zu heben. Als Mann heben sie die Frau hoch und setzen Ihre Ellbogen direkt unter ihren Knien an. Ihre Hände liegen auf ihrem Hintern und sie schlingt ihre Arme um ihren Hals, um Sie zu unterstützen.

Piditaka: Sie müssen keine Akrobaten in Ihr Sexleben einbeziehen, um es aufregend zu machen. Bei dieser Stellung legt sich die Frau auf den Rücken und zieht die Knie an die Brust. Sie knien vor ihr und spreizen ihre Oberschenkel, während Sie ihr ein wenig zusätzlichen Halt geben, indem Sie ihre Hüften auf Ihre Oberschenkel legen. In dieser Position wird Ihre Frau das Gefühl haben, dass sie enger ist als sonst, da ihre Vagina durch das Hochlegen der Beine enger wird. Wenn Sie den Druck erhöhen wollen, lassen Sie sie ihre Knöchel überkreuzen oder sogar ihre Beine mehr zusammenbringen.

Virsha: Im Wesentlichen ist dies nur die umgekehrte Cowgirlposition. Genau wie die Position mit diesem Namen gemacht wird, wird die Frau oben sein und sie wird sich auf seine Männlichkeit mit ihrem Rücken zu ihm aufzuspießen. Sie muss stark genug sein, um sich aufrecht zu halten, während sie flach auf dem Rücken liegen. Während sie reitet, sollten sie die Aussicht genießen!

Tripadam: Wenn Sie nach einer guten Position für einen Quicky suchen, sollten Sie diese Position wählen. Sie werden beide stehen und sich gegenüberstehen. Sie bringt ein Knie an Ihre Hüfte und Sie fassen ihr Bein direkt unter dem Knie. Von hier aus dridringen sie in sie ein und genießen den Spaß!

Schaukelpferd: Der Mann sitzt mit gekreuzten Beinen irgendwo und stützt sich mit den Händen ab, während die Frau auf seinem Schoß sitzt und ihr Becken an seinem reibt, bis er in ihr ist. Sobald er in ihr ist, kann die Frau hin- und herschaukeln, bis sie beide zum Orgasmus kommen.

Glühendes Dreieck: Zunächst beginnen sie in der Missionarsstellung. Nachdem er in sie eingedrungen ist, stellt sich der Mann auf alle Viere, wobei er den Hintern der Frau mitnimmt und Druck auf ihre Füße ausübt. Der Mann bleibt noch einmal stehen, während die Frau ihre Hüften rollt und beide über den Rand bringt.

Nirvana: Die Frau legt sich auf den Rücken und streckt die Beine aus, während der Mann auf ihr liegt und ihre Schenkel außen an den ihren hält, während er in sie eindringt. Es wird eine Menge Reibung zwischen den beiden geben und das Männchen wird die ganze Arbeit machen.

Ballerina: Diese Stellung ähnelt der Löffelchenstellung und ist sehr intim, da Ihr Partner Sie die ganze Zeit umarmt. Um diesen Akt auszuführen, legen Sie sich neben ihn und heben das Bein an, das oben liegt, so dass er seine Beine zwischen die Ihren bringen kann. Da er hinter Ihnen liegt, können Sie Ihr Bein wieder auf seins legen, während er in Sie eindringt und mit Ihnen Liebe macht.

Curled Angel: Als Frau legen sie sich auf die Seite und ziehen ihre Knie an, so dass sie ihre Brüste berühren. Der Mann stellt sich dann hinter die Frau und dringt von hinten in sie ein. Männlein und Weiblein werden sich dabei sehr nahe sein, was diese Stellung zu einer romantischen Position macht. Um die Reibung zwischen den beiden zu erhöhen, kann die Frau ihre Knie stärker zusammenpressen, so dass sich ihre Vagina mehr verengt.

Doppeldecker: Das Männchen liegt auf dem Rücken, und das Weibchen legt sich zu ihm, bevor sie sich umdreht, so dass sie ihm nicht mehr zugewandt ist. Jetzt stützt sich das Weibchen auf ihre Ellbogen und liegt halb auf ihrem Partner, um ihn zu schaukeln.

Die Verführung: Die Frau soll sich auf den Rücken legen und die Knie anziehen. Der Mann steigt auf sie und dringt in ihre Vagina ein. Danach bewegt sie sich in scheinbar kreisenden Bewegungen hin und her. In dieser Position können auch die Klitoris und andere empfindliche Körperteile des Mannes stimuliert werden.

Hockender Tiger: Auf allen Vieren stehend, stellt sich der Mann hinter seine Frau und dringt in sie ein.Wenn sie ihre Knie zusammenhält, wird das Liebesspiel noch intensiver.

Natürlich ist dies nur ein kurzer Überblick über einige der Stellungen, die im Kamasutra vorkommen. Das Kamasutra geht viel weiter in die Tiefe, was die Stellungen angeht, die Sie ausprobieren können. Es ist zwar nicht allumfassend, aber ein großartiger Ausgangspunkt, wenn Sie nach neuen Stellungen für sich und Ihren Partner suchen, die Sie ausprobieren möchten.

Sie können so kreativ sein, wie Sie möchten, um eine positive Atmosphäre zu schaffen, wenn Sie mit Ihrem Partner im Bett sind. Sie können die oben genannten Positionen als Leitfaden verwenden, um zu sehen, wie grenzenlos Sie wirklich sein können, wenn es um die Position geht, in der Sie sich beim Geschlechtsverkehr befinden.

Schlussfolgerung

Nachdem Sie dieses Buch durchgelesen haben, sollten Sie eine gute Vorstellung davon haben, woher das Kamasutra stammt und wofür es gedacht war. Es sollte nicht nur ein Leitfaden für die Stellungen sein, die Sie beim Geschlechtsverkehr einnehmen können; es war ein Leitfaden, wie Sie lernen können, was Sie in Ihrem Leben und in Ihren Beziehungen als angenehm empfinden.

In seiner Gesamtheit kann das Kamasutra Ihnen helfen, Ihre Wünsche und Überzeugungen zu verstehen und zu entschlüsseln, während es Sie auch in eine Kultur einführt, die historisch für ihre sexuellen Überzeugungen und Praktiken bekannt ist.

Dieses Buch hat viele der verschiedenen Aspekte des Vorspiels behandelt, wie sie im Kamasutra aufgeführt sind. Sie wurden über die verschiedenen Arten des Umarmens, Schlagens, Beißens und Markierens beraten. All diese Dinge können dazu beitragen, Sie und Ihren Partner einander näher zu bringen. Wenn Sie die Verbindung zu Ihrem Partner weiter ausbauen, werden Sie feststellen, dass Sie auch in anderen Bereichen Ihres Lebens mehr Glück erleben werden.

Ich hoffe, dass die Lektüre dieses Buches Ihnen geholfen hat, mehr über sich selbst zu erfahren, und Sie inspiriert hat, die Fülle an Wissen, die Sie erhalten haben, mit Ihrem Partner zu teilen und diese Informationen zu Ihrem Vorteil zu nutzen.

Tantrischer Sex

Einführung in das Tantra-Handbuch

Einführung

Der Begriff "Tantra" beschwört eine Vielzahl von Lehren, Philosophien und Bedeutungen herauf, und es wird immer eine große Debatte geben, wenn Menschen dieses eher esoterische Thema diskutieren. Es wird Menschen geben, die mit einigen Aspekten dessen, was Sie sehen, übereinstimmen, und es wird Menschen geben, die Ihnen entschieden widersprechen. Dennoch müssen Sie wissen, dass der eigentliche Begriff "Tantra" etwas sehr Bedeutungsvolles ist.

Um die Bedeutung dieses Wortes zu verstehen, müssen wir mit einem anderen indischen Wort namens "Sutra" beginnen. Sutras waren wichtige Texte des Hinduismus, Jainismus und Buddhismus. Das Sutra, das in der westlichen Welt den größten Ruhm erlangt hat, ist vielleicht das Kamasutra, ein Text, der ausführlich über erotische und sexuelle Künste berichtet. Übrigens hat dieses Sutra nichts mit Tantra zu tun. Ein anderes, ebenso berühmtes Sutra ist das Yoga Sutra von Patanjali.

Beginnen wir wieder mit dem Wort Sutra, dessen wörtliche Bedeutung "Faden" ist und sich auf einen bestimmten Faden oder Gedankengang bezieht. Einige glauben, dass sich dieser "Faden" auf die physischen Fäden bezieht, die den Text zusammenhalten.

Das Sutra ist also ein einzelner Gedankenfaden und das Tantra ein ganzes Gedankensystem. Die Sanskrit-Bedeutung von "Tantra" ist "Webstuhl". Wir sprechen nicht nur über den Stoff, der mit den Fäden gewebt wird, sondern über die gesamte Maschinerie, auf der das Stück Stoff hergestellt wird. Ursprünglich gab es Sutras in Form von Büchern, während Tantras vom Guru oder Lehrer direkt an seine Schüler oder Studenten weitergegeben wurden. In Anbetracht der hoch gebildeten Gesellschaft, die dieser Teil der Gesellschaft war, nahmen die mündlichen Lehren bald auch die Form von Büchern, Notizen, Zusammenfassungen usw. an.

Kommen wir nun zum 6th Jahrhundert in Europa. Zu dieser Zeit lag das Römische Reich in Trümmern, und es gab keinerlei Stabilität, was zu einer Zunahme von Kriegen und Kleinkriegen zwischen kleineren Kriegsherren führte. Die am stärksten betroffenen Aspekte der Gesellschaft waren Bildung und Wissen, die ein abgrundtiefes Niveau erreicht hatten; Analphabetismus und Unwissenheit waren in Europa weit verbreitet.

Die östliche Gesellschaft, insbesondere Indien, befand sich auf einem Weg der Stabilität und des Wachstums. Bildung und intellektuelles Denken waren in dieser ganzen Nation auf dem Vormarsch. Insbesondere Kaschmir wurde zu einem Schmelztiegel der Kulturen, und dennoch existierten hier noch alte Kultrituale und Traditionen, insbesondere die Verehrung von Siva und Shakti; mehr dazu im nächsten Kapitel.

Hier hat das Wort "Tantra" oder Webstuhl eine andere Bedeutung erhalten: das Zusammenweben von Siva, dem Vertreter des Bewusstseins, mit Shakti, der Vertreterin der Kraft. Der Webstuhl könnte auch das Zusammenweben von Siva, Shakti und anderen "Sutras" oder Fäden der vedischen Tradition und Kultur bedeuten. Zu dieser Zeit blühten im Kaschmirtal auch der Jainismus und der Buddhismus, und einige Aspekte dieser Religionen wurden immer wieder miteinander verwoben, um Siva und Shakti zu einer neuen Form des Denkens oder "Tantra" zu verbinden.

Dies ist nur der Anfang von Tantra. Lesen Sie weiter für mehr.

Kapitel Eins: Geschichte und Ursprünge des Tantra

Jetzt, da Sie die grundlegende Etymologie von "Sutra" und "Tantra" kennen, lassen Sie uns eintauchen und mehr über die Ursprünge und die Geschichte dieses eher missverstandenen und fehlinterpretierten Gedankensystems erfahren. Man kann davon ausgehen, dass Tantra die Verflechtung der "Sutras" von Siva und Shakti ist, um das Göttliche zu erreichen und über die menschlichen Sinne hinauszuwachsen.

Es gab mehrere mündliche Traditionen, die in das Tantra der Verflechtung von Siva und Shakti einflossen. Diese Traditionen stammten höchstwahrscheinlich aus dravidischen matriarchalischen Gesellschaften, die den weiblichen Aspekt des Lebens ehrten und respektierten. In diesen Traditionen waren die Frauen sehr mächtige Einflussnehmerinnen und auch große Lehrerinnen.

Es gab sehr kraftvolle und bedeutungsvolle Rituale, um Übergangspunkte zu markieren. Diese Rituale konzentrierten sich alle auf die Natur und waren sehr wichtige Verbindungslinien zur Natur. Am wichtigsten ist, dass diese frauenorientierten Traditionen diese Rituale selten vom Alltagsleben trennten. Es gab keine Priesterklasse oder irgendeine Art von Mönchsorden, der die anderen Teile der Gesellschaft oder Tradition kontrollierte.

Diese Lehren oder der Tantra-Gedanke fanden großen Anklang bei der aufstrebenden Mittelschicht in Indien, die wohlhabender und mächtiger wurde als vor der Zeit, über die wir sprechen (um das 6.th Jahrhundert). Diese aufstrebende Mittelschicht war mehr oder weniger unbeeinflusst vom Kastenbewusstsein der vedischen Natur und auch von der monastischen, von Männern dominierten buddhistischen Philosophie jener Zeit.

Außerdem lehrten diese schamanisch anmutenden Traditionen, dass Erleuchtung hier und jetzt möglich sei. Diese Traditionen waren praktisch und leicht zu befolgen, im Gegensatz zu den gelehrten und klösterlichen Lehren der konventionellen Religionen, die zu dieser Zeit in Kraft waren. Diese Traditionen waren auch sehr unmittelbar und sehr lebendig.

Die Unmittelbarkeit der Ergebnisse war sehr attraktiv, da die Menschen nicht den Zwang hatten, auf Reinkarnationen und Wiedergeburten zu warten, um erlöst zu werden. Die Gottheit wurde nicht in einer abstrakten und fernen Form beschrieben, die aus einer Sammlung verwirrender Gottheiten besteht. Andererseits wurde die Göttlichkeit als etwas erklärt, das allgegenwärtig ist und von dem jeder von uns ein Teil ist. In der Tat ist die Göttlichkeit nicht etwas, von dem wir ein Teil sind, sondern sie ist das gesamte Universum.

Das Nichts, wie es im Buddhismus beschrieben wird, war für den Durchschnittsmenschen kein leicht zu verstehendes Konzept. Das Konzept des Nichts wurde in eine Form umgewandelt, die leichter zu interpretieren und zu verstehen war; das Nichts wurde zu einem alles durchdringenden, allgegenwärtigen und universellen Bewusstsein.

Die physische Welt, die in der traditionellen Sichtweise als Täuschung galt, wurde in dieser bürgerlich akzeptierten neuen Tradition zu einer Illusion. Alles und jeder in diesem Universum wurde ein anders projizierter Teil des universellen Bewusstseins. Je besser wir das Konzept der Nicht-Dualität verstehen, desto mehr begreifen wir den illusionären Aspekt dessen, was unsere fünf Sinne auf uns projizieren, bis wir schließlich das gesamte Universum, einschließlich uns selbst, die Welt um uns herum und das Göttliche, als ein und dasselbe sehen und akzeptieren können.

Alle diese Lehren zusammen wurden als Tantra bezeichnet und zogen sich durch die gesamte klassische Ära, die etwa 400-500 Jahre dauerte. Mehrere individuelle und unabhängige Lehrer schufen viele Linien, die untereinander einige Unterschiede, aber hauptsächlich Gemeinsamkeiten aufwiesen.

Der Kashmir Shaivismus war eine solche Linie, die für einige Jahrhunderte sehr verbreitet war. Die Tantra-Linie hat jedoch sowohl den damals vorherrschenden Hinduismus als auch den Buddhismus stark beeinflusst. Der Hinduismus, wie wir ihn heute kennen, ist besonders von der Tantra-Tradition beeinflusst. Der Buddhismus schuf eine völlig neue Untersekte, den Vajrayana-Buddhismus, der auch heute noch im Himalaya überlebt.

Daher wurde Tantra von vielen unabhängigen Praktizierenden als eine spirituelle Wissenschaft angesehen. Sie glaubten, dass diese Wissenschaft an die eigenen Glaubensvorstellungen angepasst werden kann. Sie ist frei von einem bestimmten religiösen Dogma oder Prinzipien und hat stattdessen Gemeinsamkeiten mit allen.

Unabhängig davon, wer eine bestimmte Tantra-Subsekte (in Ermangelung eines besseren Wortes) geschaffen hat, wurden die folgenden Gemeinsamkeiten zwischen diesen verschiedenen Typen gefunden:

- Direkte Beziehung zwischen den Gurus (Lehrern) und den Schülern (Studenten)
- Achtsamkeit in allen Aspekten
- Rituale wurden eingesetzt, um das Bewusstsein zu schärfen

- Alle willkürlichen Regeln von Kultur und Religion wurden abgelehnt.
- Akzeptanz der Anhänger ungeachtet von Kaste, Geschlecht, Nationalität, Sprache usw.
- Unbeschränkter Zugang zur Teilnahme an den Ritualen, die eine Verbindung zum Göttlichen herstellen
- Glaube an die Körperempfindungen, einschließlich sexueller Erfahrungen, als einen Weg, der zum Göttlichen führt; es ist wichtig, diesen Weg der sinnlichen Freuden nicht als Ablenkung zu ersetzen, um das Göttliche zu erreichen

Während die Bedeutung von Sexualität und Sinnlichkeit von Menschen unterschiedlicher Glaubenssysteme diskutiert wird, ist die Tatsache, dass sexuelle Erfahrungen in der Tantra-Philosophie ein wesentlicher Bestandteil der Mittel zur Erreichung des Göttlichen sind, unbestreitbar. Während einige Handbücher die Vereinigung von männlichen und weiblichen Energien durch sexuelle Praktiken wählen, um zu versuchen, der göttlichen Energie zu begegnen, gibt es andere Fälle, in denen Tantra-Praktizierende, einschließlich etablierter Gurus jener Zeit, inhaftiert und gebrandmarkt wurden, weil sie durch zügelloses Verhalten die priesterliche Brahmanen-Klasse korrumpiert hatten.

Auch wenn sich die erhaltenen Texte nicht sehr ausführlich zu den Punkten der sexuellen Vereinigung und des sexuellen Vergnügens äußern, besteht kein Zweifel daran, dass die Texte von hochgelehrten Gelehrten jener Zeit verfasst wurden, die sich in den tantrischen Systemen und Ritualen gut auskannten und darin geübt waren. Darüber hinaus entschieden sich viele dieser Gelehrten dafür, die Geheimnisse der direkten Energieübertragung äußerst "geheim" zu halten, da sie von ihren eigenen Lehrern dazu aufgefordert wurden. Was hinter den "Schleiern" geschah, kann nur vermutet und spekuliert werden und ist nicht wirklich bekannt, außer für diejenigen, die die Fähigkeit erlangt hatten, das Ergebnis der direkten Übertragung zu kennen und zu erfahren.

Kunst und Architektur

Während die Texte über die Anwendung sexueller Praktiken nicht schlüssig sind, sind die Kunst und die Architektur, die auch heute noch existieren, sehr anschaulich und lassen im Bewusstsein des modernen Menschen keinen Zweifel an der Verwendung von Sex in der Tantra-Philosophie. Die Bildhauer und die Tempelarchitektur sind voll von lebendigen und starken Bildern der Vereinigung der weiblichen (Yoni) mit den männlichen (Lingam) Genitalien durch den Sexualakt.

Die weibliche Yoni besteht aus der Vulva und der Vagina, und der männliche Lingam steht für den Penis. Die Bilder der männlichen und weiblichen Gottheiten werden in fleischlichen Umarmungen gezeigt. Die meisten Tantra-Illustrationen zeigen die Gefährtin und den Praktizierenden in der Pose der sexuellen Vereinigung. Dabei ist es wichtig zu beachten, dass der Mann gewöhnlich als der Praktizierende und die Frau als die Gefährtin angesehen wird. In Wahrheit werden in der Tantra-Philosophie jedoch beide gleich behandelt, und beide können abwechselnd Praktizierende und Gefährtinnen sein. Viele der großen Lehrer waren Frauen, während viele der Verfasser von Texten männlich waren.

Das Verschwinden des Tantra

Die klassische Form des Tantra verschwand mehr oder weniger um das Jahr 1100, als der Islam in Indien Wurzeln schlug. Der Buddhismus verschwand fast vollständig und auch die tantrischen Rituale und Praktiken gerieten weitgehend in Vergessenheit. Dennoch überlebten drei Formen des Tantra, und zwar bis zum heutigen Tag, und zu diesen drei Formen gehören:

1. Hatha Yoga - diese Tantra-Linie bewahrt die praktischen Rituale und Lehren und insbesondere die Verkörperung von Achtsamkeitspraktiken, allerdings ohne große philosophische Tiefe.
2. Vajrayana-Buddhismus - bewahrt die ursprünglichen Rituale und Texte zusammen mit den philosophischen Lehren des Buddhismus
3. Die Sri-Vidya-Linie durch den Brahmanismus - diese Linie, die alle regelverachtenden Aspekte des Tantra entfernt und bereinigt hat, wurde durch die Zustimmung des Brahmanismus und des vedischen Kontextes gereinigt.

Tantra in der heutigen Zeit

Die weitgehend in Vergessenheit geratene Tantra-Philosophie kam fast 800-900 Jahre später in Europa wieder zum Vorschein. Dieses wiederentdeckte Format ist voll von der ursprünglichen Lebendigkeit und Vielfalt, die es in seiner Anfangszeit um das 5th Jahrhundert herum gab. Der Grund für dieses Comeback ist leicht zu verstehen, und hier ist, warum und wie es geschah:

Schon vor der Verbindung mit Indien, Nepal und anderen östlichen Kulturen gab es in der europäischen Spiritualität ein Element geheimer sexueller Traditionen, die als heilig galten. Als sich die Geister dieser östlichen und westlichen geheimen, auf Sex basierenden Philosophien trafen, kam es zum Wiederaufleben des Tantra. Das moderne Tantra wurde lebendig, indem es Elemente der klassischen tantrischen Texte Indiens mit der westlichen Sexualmystik verband und so eine neue Art von amalgamiertem, rekonstituiertem und neu formuliertem Denken schuf. Das zeitgenössische Tantra-System beinhaltet Elemente der Atemtechnik, des Energieflusses und der Achtsamkeit, um den Geist des leidenschaftlichen Göttlichen lebendig werden zu lassen. Und so wurde Tantra in seiner heutigen Gestalt wiedergeboren.

Auch heute noch orientieren sich einige Lehrer und Schulen an der kaschmirischen Shaivismus-Linie und lehren und verbreiten Rituale und Lehren dieser Schule. Viele andere fördern den Vajrayana-Buddhismus, der vereinfacht und besser an die westliche Lebensweise angepasst ist. Sogar Lehrer und Anhänger der Sri-Vidya-Linie entdecken und verbinden sich wieder mit den sexuellen Dimensionen ihres Tantra und gestalten ihre Konzepte neu, um auch diese Elemente einzubeziehen.

Osho oder Bhagwan Shree Rajneesh gründete eine Tantra-Denkschule, die auf seinem eigenen Verständnis und seinen Interpretationen der tantrischen Systeme basiert. Seine Lehren verbreiteten sich weit über den Globus und führten zur Entstehung des neuen Begriffs "Neotantra". Auch David Deida nutzte die tantrischen Prinzipien zunächst, um seine eigene Lehrschule zu gründen.

Viele der zeitgenössischen Lehren verwenden die Ausübung von Sex als Zentrum für das Erreichen der Göttlichkeit, und sie spielt eine sehr wichtige Rolle und bildet die Grundlage der modernen tantrischen Schulen. Andere wiederum lehnen "Sexualität" in ihren Lehren vollständig ab. Wenn man wiederum den sexuellen Aspekt und die Bedeutung des sexuellen Aktes aus diesen zeitgenössischen tantrischen Lehren entfernt, findet man dieselben Gemeinsamkeiten, die wir gefunden haben, als wir die unterschiedlichen Tantra-Schulen studierten, die im 5th Jahrhundert in Indien entstanden. Zu diesen Gemeinsamkeiten gehören:

- Persönliche und erleuchtete Übertragungen direkt vom Lehrer zum Schüler; es ist wichtig (genau wie in alten Zeiten), einen spirituell begabten Lehrer zu haben
- Praxis der Achtsamkeit
- Die Bedeutung des Rituals

- Offen für alle, ungeachtet von Kaste, Glaube, Rasse, Geschlecht, Sprache, Nationalität usw.
- Lehren, die einen direkten Zugang zum Göttlichen und damit verbundene Erfahrungen versprechen

Mehr in der westlichen Form des Tantra

Es gibt vier Formen des Tantra, die heute in der westlichen Welt populär sind, darunter:

Weißes Tantra - Dies ist eine esoterische Form des Tantra, bei der die sexuelle Energie als Grundlage verwendet wird, während die Kraft der Meditation, der Visualisierung und der Kontrolle des Atems genutzt wird, um göttliche Erleuchtung zu erlangen. Dies wird normalerweise von einer Einzelperson allein praktiziert.

Rotes Tantra - Dies beinhaltet die Prinzipien des Weißen Tantra zusammen mit der Anwendung sexueller Techniken an und mit einem anderen Partner im Spiel

Rosa Tantra - Dies ist das beliebteste Tantra-System, das im Westen verwendet wird, und umfasst die Prinzipien, Rituale und Praktiken des Weißen und des Roten Tantra. Es konzentriert sich auf die Beziehungen zwischen Paaren und nutzt die hingebungsvolle Energie des Herzens zur Lösung von Beziehungsproblemen und -fragen.

Schwarzes Tantra - Dieses Format, das heute fast nicht mehr gefragt ist, setzt sexuelle Energien ein, um Dinge in Menschen außerhalb der Praktizierenden zu verändern, und geht in der Regel mit der Absicht einher, anderen zu schaden.

Die Rolle der Frau im Tantra

In tantrischen Traditionen wird der Frau eine höhere spirituelle Einstellung als dem Mann zugeschrieben, die durch eine höhere Intensität der folgenden Elemente im Vergleich zum Mann bestimmt wird:

- Ihr Rahmen
- Ihre Gefühle
- Ihre psychische Entwicklung

Daher wird in tantrischen Traditionen geglaubt, dass das Erreichen der Erleuchtung durch die Erweckung der Kundalini Shakti im Körper einer Frau leichter ist als im Körper eines Mannes. Ein weiterer Grund für diesen Glauben ist die Vorstellung, dass ein Mann, wenn er eine höhere Bewusstseinsebene erreicht und nach dieser Erfahrung auf diese Ebene zurückkehrt, nicht in der Lage ist, einige dieser Erfahrungen in dieses Reich zurückzubringen, während eine Frau dies tun kann.

Wenn ein Mann tief in sein Bewusstsein eintaucht und dann ins grobe Bewusstsein zurückkehrt, scheint für ihn eine Art Schleier zwischen den beiden Ebenen zu fallen. Für eine Frau fällt dieser Schleier jedoch nicht, so dass die Erfahrungen aus dem höheren Bewusstsein in das grobe Bewusstsein gebracht werden.

Darüber hinaus ist der Bewusstseinszustand einer Frau spirituell aufgeladen, und diese Ladung spiegelt sich sogar im grobstofflichen Leben in Form dieses zärtlichen Blicks, von Gefühlen der Sympathie und des Verständnisses für die Schmerzen anderer usw. wider. Tatsächlich sind viele tantrische Praktizierende der Meinung, dass diese Welt in Abwesenheit von Frauen zu einer Wüste wird, in der es nichts als die karge Umgebung gibt; keine Farbe, keine Liebe, keine Leidenschaft usw.

Im Kundalini Yoga befindet sich das Mooladhara Chakra eines Mannes in einem sehr überfüllten Bereich mit wenig oder gar keinem physischen Zugang. Im Gegensatz dazu ist das

Mooladhara-Chakra einer Frau leicht zugänglich und kann sogar leicht berührt und aktiviert werden. Das macht es sehr einfach, die Geister im Körper einer Frau zu erwecken, weshalb der Frau in tantrischen Systemen oft ein höherer spiritueller Platz eingeräumt wird als dem Mann.

Die Frau war schon immer der Energietransporteur, während der Mann immer das Medium war. Diese Frau, die beim Transport der Energie des Mannes hilft, muss nicht nur eine Ehefrau sein. Sie kann eine Tochter, eine Schülerin oder eine Mutter sein. Maria war die Mutter von Jesus Christus, während die Mutter im Aurobindo Ashram eine Schülerin war.

Tantrische Traditionen verehren die Frau als Göttin. Es gibt 64 Yoginis, die das weibliche Geschlecht der Yogis sind. Shakti ist die Schöpferin und Siva ist das Instrument. Ohne Shakti kann Siva nicht erschaffen, und in allen tantrischen Systemen wird dieser Glaube an die Vereinigung von Mann und Frau, die für die Evolution und den Fortschritt notwendig ist, oft als bloßes sexuelles Vergnügen fehlinterpretiert.

Zusammenfassend lässt sich sagen, dass sich Tantra aus östlicher Sicht nicht darauf beschränkt, ein gesteigertes sexuelles Vergnügen zu erlangen oder eine verbesserte Art und Weise, Sex zu haben, zu finden, sondern dass es eine Lebensweise ist, bei der man alltägliche Erfahrungen in der Welt (einschließlich Sex) nutzt und sie in göttliche Erfahrungen umwandelt. Tantra lehrt, dass man sich nicht von weltlichen Dingen zurückziehen muss, um göttliche Erleuchtung zu erlangen, sondern dass man göttliche Erleuchtung erlangen kann, wenn man seine Energien achtsam auf die alltäglichen Aktivitäten des Lebens konzentriert, denn alles in diesem Universum ist Teil des Göttlichen.

In der westlichen Welt ist Tantra leider zu einer Praxis verbannt worden, die aus esoterischem Sex besteht, der für Menschen, die ihn nicht verstehen, unerreichbar ist. Tatsächlich gibt es mehrere Schulen, die Tantra-Sex als Lösung für sexuelle Funktionsstörungen und Probleme, die von Langeweile bis hin zu anderen schwerwiegenden Problemen reichen, verkaufen. Nun, Tantra ist mehr als das. Es ist eine Lebensweise, und die konsequente Umsetzung der Praktiken wird Ihnen helfen, ein erfüllteres und verständnisvolleres Leben zu führen als bisher.

Alle spirituellen Pfade werden immer mit einer Frau als Begleitung beschritten. In ähnlicher Weise kann eine Frau einen spirituellen Weg nicht erfolgreich ohne einen Mann beschreiten, und so kommt die Gleichheit von Mann und Frau ins Spiel. Der eine kann ohne den anderen nicht überleben. Tatsächlich gibt es ein berühmtes Porträt von Shiva, das zur einen Hälfte männlich und zur anderen Hälfte weiblich dargestellt ist, worum es im Tantra geht: die Vereinigung der weiblichen und männlichen Energien, um göttliche Erleuchtung zu erlangen.

Kapitel Zwei: Vorteile der Tantra-Praktiken

Das Aufklären des in der westlichen Welt weit verbreiteten Missverständnisses, Tantra sei nur ein System zur Steigerung der sexuellen Lust, hat Ihnen hoffentlich geholfen zu verstehen, dass dieses wunderbare System über die reine Sexualität hinausgeht. Dieses Kapitel ist daher den Vorteilen gewidmet, die sich aus der Praxis tantrischer Traditionen ergeben. In den Tantra-Lehren gibt es mehrere Elemente, die für das Wachstum und die Entwicklung des spirituellen Weges eines Menschen und seine körperliche Gesundheit von Bedeutung sind. Schauen wir uns einige von ihnen an.

Bevor wir dazu kommen, noch ein Wort der Warnung. Die tantrischen Texte sind in einer schwierigen Sprache verfasst und verwenden Codes und Formate, die für eine Durchschnittsperson nicht leicht zu lesen und richtig zu interpretieren sind. Genau aus diesem Grund gibt es so viele betrügerische Schulen, die falsche Informationen über dieses alte und wertvolle Glaubenssystem verbreiten. Das erste, was Sie tun sollten, ist, sich mit einer authentischen und seriösen Schule zu verbinden, damit Sie alle Vorteile einer direkten Guru-Schüler-Beziehung genießen können.

Tantra ist eigentlich ein System, das ihnen hilft, eine höhere Bewusstseinsebene zu erreichen, die als Samadhi bezeichnet wird. Der Gebrauch von Sex ist nur ein Instrument, um diesen Samadhi-Zustand zu erreichen. Der eigentliche Sexualakt soll Sie über fleischliche Freuden hinausführen, die auf die menschlichen Sinne beschränkt sind. Während der Lustaspekt des Sex durch tantrische Praktiken gesteigert wird, sind diese Praktiken auch hilfreich für die Verbesserung der körperlichen und geistigen Gesundheit.

Es gibt normalerweise zwei Pfade tantrischer Praktiken, die verwendet werden: den Pfad der linken Hand und den Pfad der rechten Hand. Für den Durchschnittsmenschen ist der Pfad der linken Hand am besten geeignet, da er dabei hilft, tantrische Erleuchtung zu erlangen, ohne auf sexuelles Vergnügen zu verzichten. Der Pfad der rechten Hand ist eher für sehr fortgeschrittene Praktizierende gedacht und entspricht möglicherweise nicht den Bedürfnissen eines durchschnittlichen Anfängers. Die Prozesse des Pfades der rechten Hand konzentrieren sich auf intensive meditative und symbolische Techniken, die mit der sexuellen Energie verbunden sind, ohne jedoch den eigentlichen sexuellen Akt zu vollziehen. Beide Wege sind "richtig" und es ist nicht möglich zu sagen, welcher besser ist als der andere.

Die Tantra-Prinzipien basieren auf der Annahme, dass die sexuelle Energie aus den Basis-Chakren kommt:

- Mooladhara-Chakra
- Svadhisthana-Chakra
- Manipura-Chakra

Alle oben genannten Chakren befinden sich entweder auf der Ebene des Nabels oder darunter. Diese sexuelle Energie, die von den Basis-Chakren ausgeht, kann zu den oberen Chakren aufsteigen, die sind:

- Anahata oder das Herzchakra
- Visuddha oder das Kehlkopfchakra
- Anja oder das dritte Augenchakra
- Sahasrara oder das Kronenchakra

Die bewusste Bewegung der sexuellen Energie von den Basischakren zu den oberen Chakren durch tantrische Praktiken und Rituale soll sowohl die sexuelle als auch die spirituelle Erfahrung für die Praktizierenden verbessern. Zu den Vorteilen gehören erfüllendere und nachhaltigere Ergebnisse sowohl der sexuellen als auch der spirituellen Erfahrungen als zuvor.

Die tantrischen Praktiken bieten nicht nur ein verbessertes und ultimatives sexuelles Vergnügen, das wir alle anstreben, sondern fördern auch unser körperliches und geistiges Wachstum. Die tantrischen Praktiken, wenn sie korrekt und nach den festgelegten Normen durchgeführt werden, helfen bei der Erzeugung von Glücksgefühlen durch Liebe und sexuelle Vereinigung aus der menschlichen Perspektive und auch aus der Perspektive der Vereinigung der männlichen und weiblichen Energien durch den Akt.

Bei den häufig praktizierten sexuellen Begegnungen äußern die meisten Teilnehmer ein Gefühl der Unbefriedigung und Unvollständigkeit des Aktes sowie ein Gefühl der Erschöpfung nach dem Erreichen sexueller Höhepunkte. Dieses eher lähmende Gefühl der Erschöpfung ist nicht nur vorübergehend, sondern kann leicht auf andere Aspekte des emotionalen und körperlichen Lebens übergreifen, so dass man öfter müde und erschöpft ist, als einem lieb ist.

Der Verlust von Lebensenergie oder Prana führt zwangsläufig zu gesundheitlichen Ungleichgewichten, die letztlich dazu führen können, dass Sie den Akt überhaupt nicht genießen können. Mit ein paar Asanas, Yogastellungen, und einigen Techniken aus der Tantra-Lehre ist es für ein Paar möglich, die sexuelle Energie zu erhalten und sie nach oben zu lenken, um sicherzustellen, dass jede Zelle im Körper durch diese Praktiken erweckt wird.

Im Tantra gibt es zum Beispiel eine Technik, die als Transfiguration bezeichnet wird, bei der ein Paar (vollständig bekleidet) voreinander sitzt und sich gegenseitig in die Augen schaut, ohne sich zu berühren. Es ist wichtig, diese Technik nicht auf eine bloße Starren-Übung zu reduzieren. Diese tantrische Übung erfordert, dass Sie mit Ihrem Partner auf eine sehr intime und tiefe Weise zusammen sind. Wenn Sie diese Übung gewissenhaft durchführen, werden Sie feststellen, dass Sie beide irgendwann eine Persönlichkeit hinter den Augen sehen können.

Jeder von ihnen wird eine gewisse Schönheit im anderen sehen, die man nicht ignorieren, zurückweisen oder hassen kann. Diese fast reine Rätselhaftigkeit im anderen zu finden, wird eine Art von Liebe in der Beziehung schaffen, die über die menschlichen Erwartungen und Anforderungen an den anderen hinausgeht und es der freien Liebe erlaubt, zwischen den Partnern zu fließen, was zu einer tieferen und verbundenen Beziehung führt.

Hier sind einige der körperlichen Vorteile, von denen Praktizierende von Tantra-basierten Techniken berichten, die durch einen erhöhten und nahtlosen Energiefluss durch den Blutkreislauf in jeden Winkel des Körpers führen:

- Verbesserte Tonisierung der Muskeln
- Verjüngtes und revitalisiertes Hautbild, das zu einem verbesserten Teint führt
- Beweglichkeit der Wirbelsäule und weniger Rückenschmerzen
- Verringerung der Fettablagerungen
- Freisetzung von Giftstoffen aus dem Körper
- Erhaltung der jugendlichen Energie und des jugendlichen Aussehens bei gleichzeitiger Verbesserung der körperlichen Vitalität
- Verringerung von Falten
- Straffere Brüste
- Straffung der Hüft- und Bauchmuskulatur, was zu einem flacheren Bauch und einer besseren Gangqualität führt
- Die Wadenmuskeln werden regeneriert

- Ein anhaltendes Gefühl der Freude und des Glücks
- Verringerung der Menstruationssekrete bei gleichzeitiger Reduzierung der prämenstruellen Symptome

Männer, die Tantra praktizieren, berichten ebenfalls von einem erhöhten Nutzen durch die Bewahrung und Neuausrichtung der sexuellen Energie, was zu einem gesünderen Körper und einem verbesserten kreativen Energiefluss im gesamten System führt. Tantra-Praktiken fördern den Verzehr einer eiweißarmen makrobiotischen Ernährung, die eine ausgewogene Menge an Yin und Yang enthält, um dem weiblichen und männlichen Gleichgewicht zu entsprechen, das sich aus der Befolgung tantrischer Praktiken ergibt.

Tantra-Praktizierende profitieren in hohem Maße davon, denn Tantra-Praktiken helfen beim Aufbau und bei der Verbesserung der allgemeinen Gesundheit, indem sie die erhaltene Energie direkt durch den Körper kanalisieren. Tantra-Techniken helfen, Körper und Geist zu beruhigen und gleichzeitig das Energieniveau zu verbessern. Das Praktizieren von Tantra-Techniken ist eine Möglichkeit für Menschen, sich von dieser verrückten, hektischen Welt zurückzuziehen und ihren Körper und Geist wieder mit Energie zu versorgen. Vor allem durch das regelmäßige Praktizieren von Tantra-Yoga-Asanas, die gleichmäßige und langsame Bewegungen des Körpers erfordern, die nahtlos von einer Asana zur nächsten übergehen. Die bewusste Atmung, die während dieser Zeit praktiziert wird, ist immer eine Methode, um den Geist zu beruhigen.

Weitere Vorteile der Tantra-Praxis

Zusätzlich zu den oben erwähnten allgemeinen Vorteilen ist bekannt, dass Tantra-Yoga den Menschen hilft, mit den folgenden Zuständen umzugehen, indem es die Vorteile eines erhöhten Energieniveaus im Körper nutzt:

- Steifheit im Körper
- Stress und Ängste
- Allgemeine Müdigkeit
- Schulter- und Rückenprobleme

Auch wenn die Erleuchtung durch Tantra-Praktiken nicht über Nacht eintritt (da es sich nicht um eine Art auffällige Wunderoperation handelt), werden nachhaltige Bemühungen, die richtigen Techniken zu erlernen und sie geduldig auszuführen, einen langen Weg zur Verbesserung Ihres geistigen und körperlichen Wohlbefindens gehen. Natürlich ist ein gesunder Körper eine Voraussetzung, um erwachte Bewusstseinszustände zu erreichen, und diese Theorie gilt für alle Systeme, die es auf dieser Welt gibt. Gesunde Ernährung in Verbindung mit einer gesunden Lebensweise ist entscheidend für den Erfolg eines jeden ganzheitlichen Heilsystems.

Kapitel Drei: Tantra-Techniken

Während es viele Möglichkeiten gibt, Tantra-Techniken als Paar zu praktizieren, gibt es auch zahlreiche Techniken, die Sie als Einzelperson ohne Partner anwenden können, um Ihre sexuelle, körperliche und geistige Gesundheit zu verbessern. Hier sind einige solcher Techniken, die Sie allein praktizieren können:

Verbinden Sie sich mit Ihrem Kern

Reiben Sie zunächst Ihre Handflächen aneinander, damit sie warm werden. Legen Sie dann eine Handfläche auf Ihr Herz und die andere Handfläche auf Ihre Genitalien. Spielen oder reiben Sie nicht mit Ihrer Brust oder Ihren Genitalien. Legen Sie einfach Ihre erwärmten Handflächen darauf. Konzentrieren Sie sich nun und spüren Sie, wie die Energien aus diesen beiden primären Energiezentren in Ihre Handflächen ausstrahlen. Konzentrieren Sie sich auf diese ausstrahlende Energie und atmen Sie tief ein.

Stellen Sie sich einen Stromkreis vor, der diese beiden zentralen Energiezentren in Ihrem Körper miteinander verbindet. Atmen Sie und spüren Sie die Wärme, die sich in dem Kreislauf zwischen den beiden Zentren überträgt. Machen Sie eine Pause. Atmen Sie erneut und spüren Sie, wie die Energie durch den verbundenen Kreislauf fließt.

Mit anhaltender Übung werden Sie in der Lage sein, die Energie, die zwischen diesen beiden Zentren fließt, leichter und intensiver als zuvor zu spüren. Dieser Energiefluss ist der Kern deines Seins, und sich seiner bewusst zu sein, wird dir helfen, diese Energie zu verstehen und aus ihr zu schöpfen.

Anspannen der Beckenmuskulatur

Bei dieser Übung spannen Sie die Muskeln in der Nähe der Stelle, an der Sie Urin absetzen, so an, dass Sie den Harndrang imitieren. Spannen Sie die Muskeln kurz bis zu 5 Mal an und entspannen Sie sie dann wieder. Wiederholen Sie das Zusammendrücken und Entspannen. Diese Technik, die unter den Begriff Kegel-Übungen fällt, wird als Beckenbodenanspannung bezeichnet. Eine Anspannung und eine Entspannung bilden einen Satz der Beckenbodenanspannung.

Wichtig ist hier, dass Sie so drücken, dass Sie verstehen, wie Sie sich innerlich fühlen, und nicht, dass Sie den Atem anhalten und durch das Drücken eine äußere Wirkung erzielen. Auch hier ist es irrelevant, wie fest Sie drücken. Sie müssen sich einfach auf Ihre Empfindungen konzentrieren, wenn Sie diese Muskeln anspannen und entspannen.

Durch tägliche Wiederholungen wird die Kraft dieser Muskeln verbessert, und es ist möglich, mit diesen Beckenbodendruckübungen Ihre sexuellen Energien freizusetzen und zu nutzen.

Kippen und Verklemmen

Wenn Sie Pornofilme oder sogar normale Filme gesehen haben, in denen der Sexualakt gezeigt wird, werden Sie feststellen, dass die Partner während des Aktes eine stoßende Bewegung ausführen, bei der sie ihre Hüften hin und her bewegen. Vielleicht verwenden viele von uns diese Technik sogar noch in unserem Leben. Das mag zwar für die Zuschauer schön aussehen, aber in Wahrheit ist diese Technik für die Partner nicht sehr lustvoll.

Besser ist es, die Knie zu beugen und sich vorzustellen, dass Ihr Becken eine Schüssel ist (wie eine Salatschüssel), und es zu schaukeln. Eine gute Analogie wäre die Bewegung von

Bauchtänzerinnen. Versuchen Sie, deren Hüftbewegungen zu imitieren. Fangen Sie langsam an und üben Sie fleißig; es wird Ihnen leichter fallen, die Kipp- und Knautschbewegung auszuführen, und Sie werden mehr Freude an Ihrem Sexualakt haben als bei der vertrauensvollen Art der Bewegung. Diese Kipp- und Knautschbewegung, die Sie üben, ist eine großartige Möglichkeit, die latente sexuelle Energie an der Basis Ihrer Wirbelsäule zu aktivieren.

Bauchatmung

Die meisten von uns halten das Atmen für selbstverständlich. Wir verstehen einfach nicht, oder besser gesagt, wir weigern uns, ihre große Bedeutung für unser Leben zu schätzen. Abgesehen von einigen leistungsstarken Schwimmern und anderen Sportlern ist es für den Durchschnittsmenschen fast unmöglich, länger als eine Minute ohne Atem zu bleiben. Die maximale Zeit, die ein Mensch ohne Atmung am Leben bleiben kann, beträgt 3 Minuten. Und doch halten wir diese göttliche Aktivität für selbstverständlich, obwohl wir wissen, dass wir tot sind, wenn wir nicht atmen!

Daher ist die Konzentration auf den Atem eine der ersten Techniken, die in allen östlichen Traditionen gelehrt wird. Eine einfache Atemtechnik, die im Tantra verwendet wird, ist die Unterleibsatmung. Legen Sie Ihre Handfläche auf Ihren Bauch und versuchen Sie, von dort aus zu atmen. Es ist sehr wahrscheinlich, dass Sie bei dieser Art zu atmen bewusst größere Atemzüge machen als sonst, und Sie werden sich auch mehr mit sich selbst verbunden fühlen. Die Konzentration auf unsere Atmung hilft uns, uns auf unseren Körper und die Bewegungen zu konzentrieren, die mit jedem Atemzug stattfinden, und fast alle Tantra-Techniken beruhen auf der Verbindung mit dem Körper, entweder allein oder mit dem Partner.

Wenn Sie weiter üben, werden Sie bemerken, dass es Ihnen leicht fällt, mit nur einem Atemzug vom Kopf- in den Körperraum zu wechseln.

Geräusche einüben

Viele von uns, die masturbieren, schämen sich dafür oder haben Schuldgefühle, und aus Angst, dabei erwischt zu werden, beschließen wir, keine Geräusche zu machen. Ja, Selbstbefriedigung ist in der Tantra-Philosophie nicht wirklich ein anerkannter sexueller Akt. Dennoch gibt es Zeiten, in denen unser Verlangen uns übermannt und wir nachgeben, nicht wahr? Artikulierte und sinnliche Laute zu machen, kann die sexuelle Energie auf eine viel schönere Weise aktivieren als sonst.

Versuchen Sie, beim nächsten Mal geeignete Geräusche zu machen, und Sie werden feststellen, dass sich das Vergnügen noch steigert. Üben Sie, Geräusche zu machen, ohne zu masturbieren oder während Sie etwas Angenehmes tun, wie z. B. ein saftiges Stück Obst oder ein fabelhaftes süßes Dessert essen, damit Sie diese Geräusche in Ihre zukünftigen Liebessitzungen mit Ihrem Partner einbauen können.

Behandeln Sie das Liebesspiel wie ein heiliges Ritual

Jede Veränderung muss zuerst in Ihrem Geist stattfinden. Verändern Sie Ihre Perspektive von "Sex haben" mit Ihrem Partner zu "Liebe machen" mit Ihrem Partner und tun Sie etwas, das Ihnen hilft, sich mit dem Göttlichen zu verbinden. Richten Sie Ihr Schlafzimmer in Form eines Altars ein. Stellen Sie Dinge auf, die besonders und wichtig sind und die Sie beide verbinden; Dinge, die Sie beide zusammengebracht haben, usw. Platzieren Sie besondere Fotos und Klicks von besonderen Momenten an strategischen Stellen.

Stellen Sie heilige Bücher auf, die Sie beide gerne lesen. Sie können auch Erinnerungsstücke wie Kristalle und Edelsteine aufstellen, die die Kraft haben, die Liebe zwischen Ihnen beiden zu verstärken, oder die vielleicht bei der Heilung von Wunden helfen, die zwischen Ihnen beiden entstanden sind. Zünden Sie vor dem Liebesspiel duftende Kerzen und Räucherstäbchen an und schaffen Sie eine wunderbar sinnliche und nährende Atmosphäre. Natürlich ist es wichtig, dass Sie den Raum nicht mit übermäßigen Düften überfluten. Lassen Sie Ihrer Kreativität freien Lauf und tun Sie Dinge, die Sie beide zu schätzen wissen.

Meditieren Sie vor dem Liebesspiel

Meditation vor der Sitzung schafft die richtige Absicht für das Liebesspiel. Gehen Sie es langsam an. Setzen Sie sich zunächst voreinander und meditieren Sie gemeinsam, indem Sie sich mit Liebe und leidenschaftlicher Absicht in die Augen schauen. Rufen Sie in Ihrem Geist Ihre Lieblingsgottheit an und bieten Sie ihr oder ihm Ihren Körper an. Stellen Sie sich einen Ball aus Liebe und sexueller Energie vor, der jeden von Ihnen einzeln umgibt, und einen Ball, der diese Energie vereint und Sie beide zusammen einhüllt.

Legen Sie in Ihren jeweiligen Köpfen fest, was Sie in diesem Liebesspiel geben wollen. Sprechen Sie mit Ihrem Partner und formulieren Sie Ihre gemeinsamen Absichten. Solche Gespräche können die Liebe und die sexuelle Energie zwischen Ihnen beiden verstärken und gleichzeitig ein wunderbares Gefühl von Transparenz und Zusammengehörigkeit schaffen, das die Beziehung nur noch schöner und stärker machen wird als zuvor.

Seien Sie während der gesamten Sitzung zu 100% präsent

Damit eine Beziehung wachsen und besser werden kann, ist es wichtig, dass sich jeder Partner verpflichtet, sich zu 100 % in die

Beziehung einzubringen (sich völlig zu verausgaben). Das Gleiche gilt auch für jede Liebessitzung, die Sie sich gegenseitig versprechen. Wenn wir uns verpflichten, körperlich, emotional und spirituell im Augenblick präsent zu sein, kann das Liebesspiel eine andere Ebene erreichen, auf der auch Ehrlichkeit, wahre Gefühle und Verletzlichkeit ins Spiel kommen.

Dieses Szenario wird ihnen beiden helfen, tief in sich selbst und in den anderen einzutauchen, während sie neue Quellen sexueller Energie finden, die durch ihren Körper fließen, noch bevor sie mit dem physischen Liebesspiel beginnt. Ehrlichkeit ist eine sehr wichtige Einstellung im Tantra. Wenn Sie ehrlich darüber sind, wie Sie sich im Moment fühlen und darüber sprechen, wird ein klarer Weg geschaffen, den Sie beschreiten können, um Ihren Partner zu erreichen und umgekehrt.

Achten Sie auf Ihre Körperempfindungen und verleugnen Sie sie nicht. Wenn zum Beispiel bei Frauen die Yoni noch nicht feucht ist, bedeutet das, dass Sie noch nicht bereit sind, sich voll und ganz auf den Empfang einzulassen. Es ist wichtig, dass Sie sich nicht gegen Ihre natürlichen Reaktionen wehren und etwas vortäuschen, was nicht existiert. Sagen Sie Ihrem Partner, dass Sie mehr Zeit brauchen, oder vielleicht mehr Vorspiel.

Anstatt sich etwas vorzumachen, sollten Sie tief in sich gehen und nach Blockaden, Widerständen und Barrieren suchen, die Sie daran hindern, zu 100 % bei Ihrem Partner zu sein.

Tantrische Massagen aneinander praktizieren

Auch hier gilt: Nehmen Sie sich vor dem eigentlichen Liebesspiel eine Auszeit und genießen und verehren Sie den Körper des anderen. Seien Sie ganz präsent und nehmen Sie jeden Aspekt Ihres und des Körpers Ihres Partners bewusst wahr, damit es zum richtigen Zeitpunkt zu einer perfekten Vereinigung kommt.

Vermeiden Sie es, den Akt zu überstürzen. Fahren Sie stattdessen fort, Ihre Leidenschaften aufzubauen, denn es geht nicht nur um Sex, sondern um etwas, das Ihnen hilft, sich mit dem Göttlichen zu verbinden. Konzentrieren Sie sich also, gehen Sie es langsam an und genießen Sie jeden Moment.

Massagen sind eine gute Möglichkeit, die Berührung des anderen zu spüren und zu genießen. Berührungen sind nicht immer ein Zeichen für erotische Leidenschaft. Ungezügelte Liebe kann auch in Form einer herzlichen Umarmung ausgedrückt werden, die das Herz des Partners in Wallung bringt. Massagen, die vor dem Liebesspiel durchgeführt werden, sind jedoch darauf ausgerichtet, Körper und Geist der beiden Partner zu verschmelzen.

Der Schwerpunkt der tantrischen Massage (oder bewussten Berührung) liegt auf dem Empfänger und nicht auf dem Geber der Massage. Beide sind achtsam in den Prozess eingebunden. Achtsames Massieren entzündet die Flamme der Liebe und des Verlangens und hält sie am Brennen, lange nachdem die Sitzung vorbei ist. Das Beste an der bewussten Massage ist, dass sie sehr einfach ist und dennoch leider von vielen Paaren nicht angewendet wird. Hier sind ein paar Tipps:

Legen Sie zunächst die Grundlagen fest - das bedeutet einfach, wer empfängt und wer gibt. Sie könnten sich mit dem Empfangen und Geben abwechseln. Es ist jedoch nicht möglich, gleichzeitig mit vollem Bewusstsein zu empfangen und zu geben, da man sich leicht zwischen den beiden Dingen verlieren kann. Der Empfänger setzt oder legt sich in eine bequeme Position mit geschlossenen Augen. Der Gebende sollte eine bequeme Position finden, um sich bequem in die Nähe des Empfängers zu begeben.

Synchronisieren Sie Ihre Atmung - Das gemeinsame Atmen ist ein wichtiger Aspekt des Liebesakts. Synchronisieren Sie Ihre Atmung, indem Sie die Atmung des Empfängers beobachten.

Normalerweise ist es der Gebende, der seine Atmung an die des Empfängers anpasst. Auf diese Weise signalisieren Sie dem Empfänger, dass Sie als Geber den Raum für ihn oder sie halten. Dieser Schritt wird einige Zeit in Anspruch nehmen, da beide Partner in ihren natürlichen Atemrhythmus kommen müssen und dennoch einen Weg finden müssen, sich mit dem anderen zu synchronisieren und sich während des gesamten Prozesses zu entspannen.

Seien Sie sich Ihrer Gefühle bewusst - Konzentrieren Sie sich auf Ihr eigenes Gefühl und seien Sie sich des Geisteszustandes, in dem Sie sich zu diesem Zeitpunkt befinden, vollkommen bewusst. Beurteilen Sie nicht Ihre Gefühle oder Ihre Körperempfindungen. Beobachten Sie einfach das Gefühl. Dies sollte sowohl der Empfänger als auch der Geber tun. Wenn Sie sich Ihrer selbst zu jedem Zeitpunkt bewusst sind, ist es leicht, dieses Gefühl der Achtsamkeit und des Bewusstseins auch an Ihren Partner weiterzugeben. Wenn beide Partner dies in Harmonie tun, wird es zwangsläufig Empfindungen geben, die miteinander in Resonanz gehen.

Vergewissern Sie sich, dass sich Ihre Absicht zu geben in Ihrer Berührung widerspiegelt - die wahre Absicht ist die größte Motivation, Dinge auf eine beabsichtigte Weise zu tun. Wenn Sie massieren, achten Sie darauf, dass sich Ihre Absicht, bedingungslos zu geben, in Ihrer Berührung widerspiegelt. Der Empfänger könnte eine Bitte äußern, wo und wie er oder sie die Berührung haben möchte. Der Geber sollte dann seine volle Absicht darauf richten, das zu geben, worum der Empfänger gebeten hat.

Buchstäblich von Herzen berühren - Beginnen Sie die Berührungsverbindung wortwörtlich von Ihrem Herzen aus. Idealerweise sollte der Geber seine Hand auf das Herz des Empfängers legen, indem er zuerst die Handfläche und dann die Finger auflegt. Diese Position stellt sicher, dass die Herzen des

Empfängers und des Gebenden über den linken Arm des Gebenden direkt miteinander verbunden sind. Diese Position verbindet die Partner buchstäblich an ihren Herzen.

Überprüfen Sie noch einmal, ob Ihre Atmung synchronisiert ist, und spüren Sie für einen Moment das Herz Ihres empfangenden Partners in Ihrer Handfläche schlagen. Legen Sie nun die rechte Hand an die Stelle, an der die Massage durchgeführt werden soll. Legen Sie auch hier die Handfläche zuerst, damit der Griff stabil ist. An diesem Punkt muss der Empfänger die Handfläche des Gebenden an der vereinbarten Körperstelle spüren und sein Herz öffnen, um die bewusste Berührung zu empfangen. Bleiben Sie so lange verbunden, wie Sie wollen, und spüren Sie, wie Ihre Herzen verbunden sind. Dies kann ein sehr feiner Moment sein, da Herz-zu-Herz-Verbindungen die Kraft haben, Demut in einer Beziehung zu erzeugen.

Genießen Sie die Massage achtsam und gemeinsam - Bewegen Sie nun langsam Ihre Hände über den Körper des Empfängers, während Sie sich achtsam bewusst sind, dass Ihr Atem und Ihre Handflächen auf dem Herzen Sie beide erden. Bitten Sie den Empfänger, die Massage "aktiv" zu genießen, indem Sie sanfte Seufzer und angenehme Klänge einsetzen. Dies wird dem Empfänger helfen, sich der Berührung des Gebers bewusst zu sein, anstatt seinem Verstand zu erlauben, seinen eigenen Weg zu gehen. Die Geber sollten ihrem Instinkt folgen, wenn es darum geht, die richtige Art von Druck und Richtung für die Massage zu finden. Es könnte eine zusätzliche Verbindung entstehen, wenn zwischen dem Geber und dem Empfänger Augenkontakt gehalten werden kann.

Vertrauen Sie schließlich auf Ihre Fähigkeit, Liebe zu geben und zu empfangen - Vertrauen Sie auf die Fähigkeit Ihres Körpers, Freude zu geben und zu empfangen, und dadurch ermöglichen Sie eine tiefere kommunikative Verbindung mit Ihrem Partner, die über Worte hinausgeht. Machen Sie sich keine

Gedanken darüber, ob Sie alles richtig machen. Vertrauen Sie stattdessen auf Ihre Instinkte und schaffen Sie tiefe erotische Verbindungen mit Ihrem Liebhaber.

Tantrische Dritte-Augen-Meditationstechnik

Tantrische Praktiken beinhalten den Einsatz von Atem, Bewegung, Klang und Meditation, um die Energiekanäle im Chakrasystem zu öffnen und der freigesetzten Energie zu ermöglichen, von den Basiswurzeln nach oben zu fließen und das Kronenchakra zu erreichen. Meditation ist eine Technik, die in tantrischen Praktiken sehr stark befolgt wird. Die folgende, sehr einfache Meditationstechnik kann allein oder vor einer Liebessitzung durchgeführt werden, wenn beide Partner voreinander sitzen.

Die Dritte-Augen-Meditation, die auch als Wirbelsäulenmeditation bezeichnet wird, hilft bei der Öffnung des Kronen- und des Dritten-Augen-Chakras, um göttliche Kräfte aus dem Universum zu empfangen. Sie erleichtert auch den Energiefluss im Rückenmark, was dazu beiträgt, das Bewusstsein für das Universum und seine grenzenlosen Kräfte zu schärfen. Darüber hinaus hilft diese Meditation auch, geerdet zu bleiben.

Setzen Sie sich bequem im Schneidersitz auf den Boden oder auf einen Stuhl. Wenn Sie im Schneidersitz auf dem Boden sitzen, spüren Sie den Druck Ihrer Knochen an der Basis des Beckens, wenn es auf das Kissen oder den Boden trifft. Wenn Sie auf einem Stuhl sitzen, lassen Sie Ihre Füße die Kälte des Bodens spüren.

Atmen sie nun ein und verlängern sie ihre Wirbelsäule so, als ob jemand eine Schnur an ihre Wirbelsäule gebunden hat und sie nach oben zieht. Dann atmen Sie so aus, dass Ihr Steißbein den Boden zu erreichen scheint, wobei die Länge der Wirbelsäule gleich bleibt wie zuvor. Stellen Sie sich vor, dass Ihr Steißbein wie eine Pfahlwurzel wirkt, die in der Erde verankert ist und einen Baum oder eine Pflanze aufrecht hält. Halten Sie Ihre Ein- und Ausatmung in einem natürlichen Tempo.

Legen Sie nun die Zungenspitze auf den Gaumen und stellen Sie sich eine runde goldene Kugel am Ort des dritten Augenchakras vor (zwischen den Augenbrauen auf der Stirn). Während Sie durch die Nase einatmen, rollen Sie die goldene Kugel, bis sie das Kronenchakra berührt, und lassen Sie sie dann die Wirbelsäule hinunter bis zum Steißbein gleiten. Während dieser Zeit müssen Sie das Mantra "Hung" singen.

Wenn sie ausatmen, werfen sie die Kugel von ihrem Steißbein aus nach oben und lassen sie sie durch die Wirbelsäule wandern, bis sie den Ort des dritten Auges erreicht, nachdem sie das Kronenchakra berührt hat. Während der Aufwärtsbewegung der goldenen Kugel müssen sie das Mantra "sau" ("saw") rezitieren.

Dieser Gesang bedeutet übersetzt "Ich bin" oder "Ich bin das", was bedeutet, dass dieser Körper, dieser Geist und diese Seele Teil des universellen Bewusstseins sind. Daher bekräftigt das Singen dieses Mantras ihr wahres Selbst als eins mit der Erde (die durch das Steißbein verwurzelt ist) und dem Göttlichen (das über die imaginäre Schnur an der Spitze der Wirbelsäule verbunden ist). Beginnen Sie mit dieser Übung, indem Sie sie täglich 5 Minuten lang durchführen. Steigern Sie die Dauer langsam und in regelmäßigen Abständen, bis Sie 20 Minuten pro Tag erreicht haben.

Jede Aktivität, die den Energiefluss in ihrem Körper aktiviert, muss notwendigerweise durch eine erdende Aktivität ausgeglichen werden, die sie verwurzelt und stabilisiert hält. Während aktivierte Chakren großartig sind, um höhere Bewusstseinsebenen zu erfahren, kann ein ständig aktiviertes Energiesystem auf der irdischen Ebene sehr schwer zu handhaben sein. Um dem entgegenzuwirken, helfen ausgleichende und erdende Aktivitäten, die Energieaktivierung in Schach zu halten und die Erdung zu erleichtern.

Wenn sie also diese tantrische Meditation praktizieren, haben sie Zugang zu den höheren Kräften dieser Welt und bleiben gleichzeitig geerdet, um diese Kräfte zu nutzen und ein glücklicheres und erfüllteres Leben zu führen als zuvor. Üben Sie die Dritte-Augen-Meditation zunächst allein. Wenn Sie sich damit ausreichend vertraut gemacht haben, können Sie diese Meditationstechnik mit Ihrem Partner durchführen, wenn Sie sich gegenüber sitzen, um in die Zone des Liebesspiels zu gelangen.

Kapitel Vier: Yantras und Mantras

In Ergänzung zu den Atem- und anderen Techniken, die in Tantra-Praktiken verwendet werden, sind Yantras und Mantras ebenfalls häufig enthalten. Dieses Kapitel beschäftigt sich mit Yantras und einigen der im Tantra verwendeten Mantras.

Was sind Yantras?

Yantra bedeutet in seiner wörtlichen Übersetzung aus dem Sanskrit "Instrument" oder "Stütze". In der Tantra-Praxis ist ein Yantra normalerweise ein geometrisches Design, das als sehr effektives Werkzeug eingesetzt wird, um den Praktizierenden bei meditativen, kontemplativen und konzentrativen Aktivitäten zu unterstützen. Yantras stellen den Makrokosmos in einem mikrokosmischen Rahmen dar und wirken wie ein Tor zu und von den höheren Bewusstseinsebenen. Yantras sind allesamt spirituell bedeutsame Entwürfe und jeder Aspekt hat spezifische Bedeutungen, die sich auf die höheren Ebenen des Bewusstseins beziehen.

Das Yantra in tantrischen Praktiken verhält sich wie ein Fenster zum universellen göttlichen Wesen oder dem Absoluten, wie diese Kraft oft genannt wird. Wenn sie ihren Geist zwingen, sich auf ein einziges Design oder Objekt (in diesem Fall das Yantra) zu konzentrieren, wird das überwältigende geistige Geschwätz, das ihren Geist verstopft, reduziert. Mit etwas Übung ist es möglich, das gedankenlose Geplapper in ihrem Geist vollständig zu eliminieren. Wenn der Geist Ruhe und völlige Stille erreicht hat, wird das Yantra von den Praktizierenden fallen gelassen. Ein erfahrener Tantra-Praktizierender braucht das Yantra nur in seinem Geist zu visualisieren, um den ruhigen Zustand des Geistes zu erreichen.

Yantras sind in der Regel symmetrisch aufgebaut, so dass die Augen des Praktizierenden auf das Zentrum fokussiert werden können. Yantras können auf Papier, auf Holz, auf Metall oder direkt auf die Erde gezeichnet werden. Sie können auch dreidimensionale Objekte sein. In Indien ist das bekannteste Yantra das Sri Vidya Yantra, das die Gottheit Tripura Sundari darstellt. Dieses Symbol ist ein Mikrokosmos des gesamten Universums und wird verwendet, um die Praktizierenden daran zu erinnern, dass es keinen Unterschied zwischen dem Objekt und dem Subjekt gibt.

Betrieb von Yantras

"Formenergie" oder das Konzept, dass jede Form oder Gestalt ein bestimmtes Energiemuster und eine bestimmte Frequenz ausstrahlt, ist die Grundlage für die Funktionsweise eines jeden Yantras. Beispiele für solche Yantras, die sogar im Judentum und Christentum zu finden sind, sind der fünfzackige Stern oder das Pentagon, der Davidstern, die Pyramiden, das Kreuz usw. Diesen Formen wird ein unterschiedlicher Grad an negativer und positiver Kraft (oder böser und/oder guter Kraft) zugeschrieben. In den Tantra-Praktiken werden nur die Formen verwendet, die positive Eigenschaften haben und die harmonische und wohltuende Energien besitzen.

Wenn sich ein Praktizierender auf ein bestimmtes Yantra konzentriert, stellt sich sein Geist automatisch auf die "Resonanzfrequenz" oder das Energiemuster dieses Yantras ein. Anhaltende Konzentration hilft, diesen Resonanzeffekt zu erhalten und zu verstärken. Es ist wichtig, sich an diesem Punkt daran zu erinnern, dass die Energie selbst als Ergebnis der Fokussierungsübung aus dem Makrokosmos und nicht aus dem Yantra kommt.

Yantras sind also Instrumente oder Werkzeuge, die uns helfen, mit einer bestimmten Frequenz des Makrokosmos in Resonanz zu kommen. Das Yantra erleichtert es dem Praktizierenden, sich auf die gewünschte Frequenz des Makrokosmos "einzustimmen". Es ist möglich, Yantras effektiv zu nutzen, um den Praktizierenden in ein höheres Energieniveau im Universum zu versetzen.

Arten von Yantras, die in tantrischen Praktiken verwendet werden

Leider hat die westliche Welt die wahre Bedeutung und die Resonanzkraft eines Yantras noch nicht verstanden. Viele dubiose tantrische Schulen behaupten, dass sie Yantras mit Hilfe ihrer Vorstellungskraft zeichnen können. Das ist nicht wahr. Jede Stimmung und jede Emotion hat ein spezifisches Yantra, das durch die Energie, die seine Form und Gestalt repräsentiert, mit ihr verbunden ist.

Die traditionellen Yantras wurden nicht aus der Vorstellungskraft gezeichnet, sondern durch göttliches Design und durch Hellsichtigkeit offenbart. Die Enthüllung eines neuen Yantras für die Welt erfordert die grenzenlosen tantrischen Kräfte eines wahren Gurus, und alle möglichen "Entwürfe", die im Internet als Yantra verfügbar sind, zu nehmen, wird nur die Macht und den Einfluss deiner tantrischen Praxis verringern.

Yantras und Mantras sind insofern miteinander verbunden, als dass man sich auf ein bestimmtes Yantra konzentrieren muss, indem man ein entsprechendes Mantra chantet. Hier sind ein paar Yantras zusammen mit einem grundlegenden Verständnis für jede ihrer Resonanzen.

Der Punkt oder das Bindu - Das Bindu repräsentiert fokussierte Energie, die durch intensive Konzentration hervorgerufen wird. Er kann als eine Ablagerung oder ein Reservoir von konzentrierter Energie gesehen werden. In der tantrischen Praxis gilt der Punkt als Symbol für Siva selbst, die männliche Quelle aller Schöpfung.

Das Dreieck oder die Trikona - Dies ist ein Symbol für Shakti, die weibliche Quelle der gesamten Schöpfung. Ein nach unten zeigendes Dreieck stellt das weibliche Sexualorgan, die Yoni, die höchste Quelle des Universums dar. Ein nach oben zeigendes Dreieck steht für das höchste spirituelle Streben, eins mit dem Absoluten zu sein. Außerdem steht das nach unten gerichtete Dreieck für Wasser, das dazu neigt, nach unten zu fließen, während das nach oben gerichtete Dreieck für Feuer steht, das immer nach oben geht.

Der 6-zackige Stern des Schatkona - Zwei übereinander liegende Dreiecke, eines nach oben und eines nach unten gerichtet, bilden den Schatkona, der im Judentum als Davidstern bezeichnet wird. Dieses Symbol steht für die Vereinigung von Siva und Shakti, ohne die es KEINE Schöpfung geben kann.

Der Kreis oder das Chakra - Der Kreis, der die Rotation repräsentiert, ist ein weiteres häufig verwendetes Symbol, entweder für sich allein oder als Teil eines komplexeren Yantras in tantrischen Praktiken. Die Rotation ist auch eine Bewegung, die sehr eng mit der spiralförmigen Bewegung verbunden ist, der Grundlage der Evolution im Makrokosmos. Darüber hinaus ist das Chakra oder der Kreis auch eine Darstellung der schöpferischen Leere und der Vollkommenheit. Es symbolisiert das Windelement der Natur.

Das Lotus-Symbol - Es ist ein Symbol der Vielfalt (jedes Blütenblatt steht für etwas anderes) und der Reinheit, da die Blume sich über einen schmutzigen Teich erheben kann, um schön und rein zu bleiben.

Das Quadrat oder das Bhupura - Das quadratische Symbol repräsentiert das Element Erde und ist normalerweise die äußere Kontur eines Yantras. Normalerweise verwendet ein Yantra das Quadrat als Kontur und den Punkt als Zentrum. Der Grund dafür ist das Konzept im Tantra, dass das Universum vom Feinstofflichen (der Punkt - konzentrierte Energie) ausgeht und sich zum Grobstofflichen (oder der Erde und den Lebenssystemen) bewegt.

Viele der komplexen Yantras enthalten auch andere Symbole wie Pfeile, Schwerter, Dreizacke usw., die die Richtung und den Zweck der Wirkung der Formenergie darstellen, die das Yantra bedeutet.

Wie man Yantras in tantrischen Praktiken verwendet

Wie bereits erläutert, ist die Resonanz der entscheidende Aspekt eines jeden Yantras. Die Resonanzwirkung des Yantras kann durch die Konzentration auf sein Bild ausgelöst und aufrechterhalten werden. Der Geist sollte auf die Resonanzenergie des jeweiligen Yantras eingestimmt sein, um den Energiefluss zu aktivieren und aufrechtzuerhalten. Hier sind einige Anleitungen zur korrekten Anwendung von Yantras:

Hängen Sie das Yantra an eine beliebige Wand, die nach Osten oder Norden ausgerichtet ist, und achten Sie darauf, dass die Mitte des Bildes in einer Linie mit Ihren Augen liegt.

Sitzen Sie beim Meditieren in einer bequemen Position, an die Sie gewöhnt sind.

Atmen Sie durch die Nase ein und durch den Mund aus, in Ihrem natürlichen Atemrhythmus, ohne zu versuchen, Ihren Atem zu kontrollieren.

Konzentrieren sie sich auf das Zentrum des Yantras und blinzeln sie so wenig wie möglich. Halten sie den Fokus ihrer Augen auf das Zentrum gerichtet und betrachten sie das gesamte Yantra als eins.

Sie können mit 5 Minuten pro Tag mit dieser Meditationsübung beginnen und dann langsam die Dauer erhöhen, bis Sie etwa eine halbe Stunde pro Tag machen können.

Es wird empfohlen, dass Sie danach streben, die Ebenen der Resonanzenergie zu erreichen, die das Yantra zu liefern in der Lage ist, und Ihr Bestreben wird früher als später erfüllt werden.

Erfahrene tantrische Praktizierende können in ihrem Fokus eine so erstaunliche Tiefe erreichen, dass es für sie schwierig ist zu sagen, ob das Yantra in ihnen ist oder ob sie sich im Yantra befinden.

Die Bedeutung von Mantra in tantrischen Praktiken

Das Singen und Praktizieren von Mantras im Tantra soll ihnen helfen, den Dhyana-Zustand zu erreichen, was übersetzt soviel heißt wie kontemplieren oder sich vorstellen. Meditation durch Mantra bedeutet nicht, in Gedanken "verloren" zu sein. Stattdessen ist es ein aktiver Zustand des Geistes, in dem tiefes Gewahrsein in einem nahtlosen Gedankenfluss erfahren werden kann. Wenn sie diesen meditativen Zustand erreichen, wird ihr Bewusstsein so erweitert, dass sich der Raum, der durch Shakti repräsentiert wird, mit der Zeit, die durch Siva repräsentiert wird, zu einer kosmischen Vereinigung vereint, deren Mikrokosmos im Tantra als die sexuelle Vereinigung zwischen Mann und Frau auf der Erde angesehen wird.

Mantras sind durch die Gottheit, die sie repräsentieren oder bedeuten, mit dem menschlichen Aspekt verbunden. In der Tantra-Praxis sind Gottheiten auch funktionale Manifestationen des universellen Absoluten, von dem wir alle ein Teil sind. Gottheiten manifestieren sich innerlich und äußerlich durch den menschlichen Körper und können durch Erfahrung und/oder Erkenntnis erreicht werden. Mantras verbinden den Menschen mit der jeweiligen Gottheit. Kurz gesagt, Mantras sind eine heilige Formel in Form von Schwingungen und Klängen, die die zugehörige Gottheit repräsentieren, die eine Funktion des gesamten Universums ist.

Hier sind einige Mantras, die mit der jeweiligen Gottheit assoziiert sind, und die Ergebnisse, die sich ergeben, wenn sie konsequent gesungen werden:

Gottheit - Mantra - Ergebnisse

Ganesha - Gam - Erfolg und Schutz
Kali - Krim - Sieg, Schutz und Befreiung
Lakshmi - Shrim - Schönheit, Wohlstand und Reichtum
Saraswati - Ziel - Wissen, Kunst, Musik und Sensibilität
Shiva - Om Namah Shivaya oder Hum - Bewusstsein, Schutz und Befreiung
Shakti - Hrim - Familie, Energie und gute moralische Eigenschaften

Wie man Mantra praktiziert

Wenn sie das Mantra ausdauernd praktizieren, kommt ihr Geist der Schwingung und dem Klang des Mantras immer näher, wodurch eine Verbindung zwischen ihnen und der jeweiligen Gottheit entsteht. Sie sollten bequem sitzen und das Mantra in der gleichen Geschwindigkeit rezitieren wie ihre natürliche Sprache. Versuchen Sie nicht, die Wiederholung des Mantras zu beschleunigen. Selbst wenn Gedanken in ihrem Geist auftauchen und wieder verschwinden, müssen sie darauf bestehen, das Mantra so wenig wie möglich abzulenken und auszusprechen. Sie können dies auch mit der Meditation mit ihrem Yantra kombinieren und sich darauf konzentrieren, während sie ihr Mantra rezitieren.

Je nach den gewünschten Ergebnissen können sie das Mantra wechseln. Wenn sie sich Wissen wünschen, verwenden sie das Saraswati-Mantra, wenn sie sich Reichtum wünschen, verwenden sie das Lakshmi-Mantra, usw. Die Verwendung von Mantras ist eine großartige Möglichkeit, ihre meditativen Kräfte einzubringen und ihnen dabei zu helfen, sich mit einer mächtigeren Funktion der universellen Energie als ihrer eigenen zu verbinden.

Kapitel Fünf: Asanas im Tantra

Das letzte Kapitel befasst sich mit der intimsten Sache der tantrischen Praktiken, nämlich der sexuellen Vereinigung, um göttliche Offenbarung zu erlangen und gleichzeitig die Liebe und Leidenschaft in jeder Beziehung zu verstärken. Dieses Kapitel spricht über die verschiedenen Asanas, die in der tantrischen Praxis verwendet werden.

Ob wir es wissen oder nicht, die Liebe ist das ultimative Naturgesetz und alles dreht sich um dieses erstaunliche Element. Tantra-Yoga wurde von den alten Weisen überliefert, um Paaren zu helfen, diese Liebe zwischen sich zu übertragen, damit in ihrer Beziehung Harmonie, Freude und Leidenschaft herrschen. Die hier erwähnten Asanas können jederzeit ausgeführt werden, aber wenn sie vor dem Liebesspiel durchgeführt werden, können sie die sexuelle Vereinigung stärken und beiden Partnern zu höchster Glückseligkeit verhelfen.

Navasana oder die Schiffspose

Diese Asana wurde entwickelt, um das Vertrauen zwischen den Partnern zu stärken und die Liebe zwischen den beiden zu einem verlässlichen Element in ihrem Leben werden zu lassen. Setzen Sie sich voreinander und berühren Sie mit gebeugten Knien die Fußsohlen Ihres Partners. Halten Sie die Hände. Wenn Sie die Hände des anderen nicht erreichen können, nehmen Sie die Hilfe eines Schals, und halten sie die Enden.

Halten Sie nun Ihre Wirbelsäule so gerade wie möglich und heben Sie beide Füße an, wobei die Fußsohlen noch Kontakt zueinander haben. Beginnen Sie mit einem Fußpaar und gehen Sie dann zum nächsten über. Sobald Sie beide Füße, die sich berühren (wie die Handflächen aneinander), gerade nach oben gerichtet haben, versuchen Sie, Ihren Brustkorb und Ihre Wirbelsäule so aufrecht zu halten, wie Sie können. Halten Sie die Schiffspose so lange, wie Sie beide es können, ohne einen Teil Ihres Körpers übermäßig zu belasten.

Virabhadrasana oder die Haltung des Helden

Diese Asana soll das Gefühl der spirituellen Liebe in Ihnen beiden verstärken. Wenn Sie diese Pose mit Ausdauer üben, werden Sie feststellen, dass Sie als Paar Hindernisse leichter überwinden können als zuvor. Sie werden feststellen, dass Ihr Körper und Ihr Geist ein höheres Energieniveau haben, das Ihnen hilft, Ihre gemeinsamen Ziele zu erreichen.

Diese Asana muss sowohl auf der rechten als auch auf der linken Seite ausgeführt werden. Für die linke Seite machst du Folgendes.

Wenden Sie sich Ihrem Partner zu und setzen Sie den rechten Fuß nach vorn. Sie müssen dies beide tun, so dass sich Ihre rechten Füße an der Innenseite des Schafts berühren. Heben Sie nun die Arme und bringen Sie die Handflächen nach vorne, so dass Ihre rechte Handfläche in vollem Kontakt mit der rechten Handfläche Ihres Geliebten ist und die linken Handflächen sich ebenfalls berühren. Drücken Sie die Handflächen fest zusammen.

Setzen Sie nun den linken Fuß zurück, als ob Sie einen großen Schritt machen würden, wobei der Knöchel einen 45-Grad-Winkel zum Boden bildet. Halten Sie die Sohlen beider Füße fest auf dem Boden. Das rechte Knie sollte so gebeugt sein, dass es einen rechten Winkel bildet. Atmen Sie ruhig und schauen Sie Ihrem Partner mit Leidenschaft in die Augen. Verlassen Sie diese Asana langsam und bewusst, indem Sie jeden Teil Ihrer Hände und Beine in ihre normale Position zurückziehen. Machen Sie nun das Gleiche auf der rechten Seite, wobei Sie den linken Fuß nach vorne und den rechten Fuß nach hinten stellen müssen.

Der V-Brief

Diese Asana soll Ihr Vertrauen und Ihre Intimität auf ein noch höheres Niveau bringen. Halten Sie sich an den Handgelenken des anderen fest und beugen Sie sich so weit wie möglich nach hinten, im Vertrauen darauf, dass Ihr Partner Ihre Handgelenke nicht loslassen wird und Sie die Handgelenke Ihres Partners nicht loslassen werden. Diese Haltung führt im Idealfall dazu, dass Ihre beiden Körper den Buchstaben V bilden.

Konzentriert euch auf den Energiefluss zwischen euch durch die verbundenen Arme. Je mehr Sie mit der Energie des anderen in Resonanz gehen, desto leichter wird es Ihnen fallen, den anderen in der Pose auszubalancieren. Fortwährendes Üben wird dazu beitragen, die Fähigkeit beider Partner zu verbessern, mit der Energie des anderen in Resonanz zu gehen, und dies wird zu mehr Vertrauen und Intimität zwischen Ihnen beiden führen.

Vrikshasana oder die Baum-Pose

Die Pose wurde entwickelt, um Paaren zu helfen, ihre Fähigkeit zu erhöhen, höhere Ziele und Ideale in ihrem gemeinsamen Leben zu sehen und zu erreichen. Die beiden Partner werden in der Lage sein, höhere Bewusstseinsebenen zu erreichen, indem sie den hohen Idealen des jeweils anderen zustimmen.

Stellen Sie sich nebeneinander, mit etwas Abstand zueinander. Legen Sie den Arm, der Ihrem Partner am nächsten ist, um seine oder ihre Taille. In diesem Fall legt der eine Partner den linken Arm um die Taille des anderen Partners und dieser den rechten Arm um die Taille des ersten.

Heben Sie nun das Bein, das weiter vom Partner entfernt ist, beugen Sie das Knie und bringen Sie den Fuß nach vorne, um den inneren Oberschenkel zu berühren. Bringen Sie als nächstes den vom Partner abgewandten Arm über den Kopf und berühren Sie die Handfläche Ihres Partners, so dass Sie vollständig in Kontakt sind. Verlassen Sie die Asana langsam und bedächtig. Wiederholen Sie die Übung auf der anderen Seite, so dass die linke und die rechte Seite beider Partner gleichermaßen beansprucht werden.

Die Fahrrad-Pose

Legen Sie sich mit angewinkelten Knien auf den Rücken und wenden Sie sich einander zu. Beugen Sie nun die Knie und ziehen Sie sie bis zur Brust hoch. Lassen Sie Ihren Partner das Gleiche tun und achten Sie darauf, dass die Fußsohlen vollständig Kontakt haben. Legen Sie das Gewicht Ihres Körpers auf den unteren Rücken. Halten Sie Ihre Hände fern, da sie für diese Asana nicht benötigt werden. Eine bequeme Position für die Hände wäre es, die Finger zu verschränken und sie unter den Nacken zu legen. So, jetzt liegen Sie beide auf dem Rücken, die Knie sind nahe oder berühren die Brust und die Fußsohlen haben vollen Kontakt.

Atmen Sie eine Weile und sobald Sie den Rhythmus mit Ihrem Partner gefunden haben, beginnen Sie mit dem Treten, wobei sich die Fußsohlen noch berühren. Wenn Sie das Bein wechseln, mit dem Sie in die Pedale treten, können Sie Ihren Oberkörper entsprechend verlagern und dabei Ihre Bauchmuskeln so steif wie möglich halten. Atmen Sie durch die Nase ein und durch den Mund aus, jedes Mal, wenn der Oberkörper während des Tretens verlagert werden muss. Sie werden ein wunderbares Gefühl von Dynamik und Freude verspüren, das Sie beide durchdringt und unverkennbar ist. Kommen Sie langsam aus der Asana heraus.

Ustrasana oder die Kamel-Pose

Diese Asana erleichtert es dem Paar, ein Gefühl der Euphorie in Verbindung mit Einfühlungsvermögen zu erlangen, da Ihre beiden inneren Willenskräfte miteinander harmonieren. Knien Sie nieder und wenden Sie sich Ihrem Partner zu, während er oder sie das Gleiche mit dem Gesicht zu Ihnen tut. Halten Sie nun den Ellbogen des anderen und beugen Sie sich nach hinten, ohne Ihre Nackenmuskeln zu belasten. Achten Sie darauf, dass Ihr Knie in einem 90-Grad-Winkel bleibt. Spüren Sie, wie die Energien zwischen Ihren Körpern durch die verbundenen Arme fließen.

Wie du siehst, kann jede dieser Posen auch allein, einzeln ausgeführt werden. Machen Sie sie also einzeln, bis jeder von Ihnen Perfektion in den Asanas erreicht hat. Dann, wie bei tantrischen Praktiken, kombinieren Sie die Yoga-Performance und machen sie als Paar. Hier sind einige erstaunliche Vorteile der Durchführung von Yoga zusammen als ein Paar, vor allem vor dem Liebesspiel Sitzungen:

- Sie hilft dabei, eine echte und tiefe Verbindung zwischen den Paaren zu schaffen, und diese tiefen Bindungen helfen, über die üblichen Bindungen hinauszugehen, und können mit etwas Übung dazu beitragen, eine Vereinigung auf einer viel höheren Bewusstseinsebene als der menschlichen Ebene zu erreichen.

- Sie kann Ihre spirituellen, physischen, psychischen, erotischen und mentalen Verbindungen zueinander auf unvorstellbare Weise vertiefen und verbessern.

- Yoga als Paar zu praktizieren, hat die Kraft, Harmonie, Schönheit, Verfeinerung und schiere Stärke in die Beziehung zu bringen.

- Ihre Beziehung wird in der Lage sein, die tiefsten Geheimnisse und Sehnsüchte des anderen zu reflektieren, die Ihnen beiden bisher verborgen waren. Paar-Yoga hilft Ihnen, Ihrem Partner Ihre tiefsten Wünsche zu offenbaren und umgekehrt, und zwar ohne Angst vor Peinlichkeit, Verurteilung oder irgendetwas anderem, das den niedersten Aspekt der Menschheit ausmacht.

- Eine schöne Beziehung, die aus dem Yoga für Paare entsteht, kann nicht nur dazu beitragen, die eigene Seele zu erheben, sondern auch die Interaktionen und Beziehungen anderer Menschen in und um Ihr persönliches und berufliches Leben zu verbessern.

- Wenn sich die Partner zusätzlich zum Yoga der sexuellen Kontinenz hingeben, dann wird die daraus resultierende Freisetzung von Energie einen größeren Bereich von Menschen erfassen. So wie eine kleine Kerze in jedem dunklen Raum Licht ausstrahlen kann, so kann auch die wahre Liebe überall bedingungslos Glück ausstrahlen.

Kapitel Sechs: Tantrische Sexualtechniken

Nachdem Sie verstanden haben, warum Tantra die sexuelle Vereinigung als Weg zur göttlichen Erleuchtung nutzt, lassen Sie uns einige der sexuellen Techniken betrachten, die von tantrischen Sexpositionen vorgeschlagen werden und die Ihnen helfen werden, Glück zusammen mit höchstem sexuellem Vergnügen und oft auch mit Kontinenz zu erreichen. Also, es geht los.

Bevor Sie mit dem eigentlichen Akt beginnen, werden die folgenden Tipps dafür sorgen, dass Ihre sexuellen Begegnungen für Sie beide erfüllend und zutiefst befriedigend sind:

Wählen Sie einen geeigneten Tag aus - Tantrischer Sex beinhaltet keine 10-12-minütige Stoß-ein-Stoß-aus-Technik. Er ist langsam und sinnlich und braucht Zeit. Wählen Sie einen Tag, der für beide Partner günstig ist, und stellen Sie sicher, dass sie sich für die gesamte Übung 2 Stunden Zeit nehmen. Sobald die Zeit feststeht und beide Partner sich dazu verpflichtet haben, ist es wichtig, diszipliniert zu sein und das geplante Ereignis nicht aufzuschieben. Auch wenn Sie müde sind, fangen Sie an und beobachten Sie, wie sich Ihre Müdigkeit in Nichts auflöst, während Sie verjüngende Liebe erleben.

Seien Sie offen, neue und neuartige Techniken auszuprobieren - Für erfolgreiche tantrische Sexpraktiken ist es sehr wichtig, ein offenes Herz und einen offenen Geist zu haben. Der Akt wird nicht als eine Form von billigem Sex abgetan. Er ist göttlich und ein Akt, der die Macht hat, die Sichtweise der Partner auf sich selbst und die Welt zu verändern. Dazu müssen Sie bereit und offen sein, neue und neuartige Dinge auszuprobieren, die Sie bisher nicht ausprobiert haben. Befreien Sie sich von konditionierten Fesseln.

Sorgen Sie für die richtige Stimmung - zünden Sie Duftkerzen oder Weihrauch an und machen Sie den Raum sinnlich und schön. Es wäre hilfreich, wenn Sie auch ein erfrischendes, duftendes Bad nehmen könnten. Machen Sie sich gegenseitig Komplimente, indem Sie sagen, was Sie an dem anderen mögen. Zögern Sie nicht, dem anderen tief in die Augen zu schauen und versuchen Sie, über das hinaus zu sehen, was die Augen Ihnen zu zeigen scheinen. Tauchen Sie tief ein und finden Sie die Verbindung zwischen Ihnen beiden.

Meditieren Sie gemeinsam - Verwenden Sie einige der in diesem Buch aufgeführten Techniken, indem Sie gemeinsam meditieren, indem Sie voreinander sitzen. Den Körper des anderen zu betrachten, ohne ihn tatsächlich zu berühren, kann eine sehr angenehme Erfahrung sein und hilft Ihnen auch, die Stärken und Schwächen des anderen zu verstehen.

Sie können einfach nur dasitzen und tief atmen und versuchen, Ihre Atemzüge zu synchronisieren. Mit etwas Übung können Sie Yantras und Mantras einbeziehen, um das Gefühl der Zusammengehörigkeit zu verstärken, während Sie meditieren und die spirituelle, emotionale und körperliche Präsenz des anderen noch intensiver als zuvor spüren.

Führen Sie ein paar Paar-Yoga-Asanas durch - Angesichts der immensen Vorteile, die das gemeinsame Praktizieren von Yoga mit sich bringt, ist es sehr sinnvoll, ein paar Asanas zusammen zu machen und sich dabei körperlich und geistig noch näher zu kommen als zuvor.

Werden Sie intim miteinander, indem Sie in der Yab-Yum-Pose sitzen - Die Yab-Yum-Pose wurde entwickelt, um die Intimität zwischen den Partnern auf erstaunliche und unvorstellbare Weise zu verbessern. Wenn Sie in dieser Position sitzen, können Ihre Seelen und Herzen miteinander verschmelzen und höchste Glückseligkeit erreichen. Der Mann muss im Schneidersitz auf dem Boden oder auf dem Bett sitzen. Die Frau muss auf dem Schoß ihres Mannes sitzen. Sie soll ihre Beine um seine Taille und ihre Arme um seinen Hals schlingt. Die Pose kann entweder mit Kleidung oder nackt ausgeführt werden. Die Wahl liegt ganz bei Ihnen beiden.

Umarmen Sie sich in dieser Position tief und versuchen Sie, Ihre Atmung wieder zu synchronisieren. Erlauben sie ihren Körpern, einander zu spüren und sich aufeinander einzustimmen, und fühlen sie, wie ihr Herz und ihre Seele in dieser schönen und liebevollen Umarmung verschmelzen, die frei von allen sexuellen Gefühlen sein kann, aber völlig erfüllt von Gefühlen der Liebe, Freude und Zusammengehörigkeit.

Halten Sie so lange fest, wie Sie wollen, um die Liebe, den Atem und das Glück des anderen zu spüren. Es kann ein ganz besonderer Moment für beide Partner sein. Diese Pose eignet sich hervorragend, um Ihre einzigartige und schöne Beziehung zu feiern. Sie können sich in dieser Position küssen, um die Liebe noch tiefer zu spüren.

Geben Sie sich gegenseitig eine gute Massage - Nehmen Sie die Tipps und Ideen aus diesem Buch auf und wechseln Sie sich als Geber und Empfänger der Massage ab, um die Berührung des anderen zu genießen. Sie können mit nicht-erotischen Positionen wie dem Nacken, dem Rücken, den Armen usw. beginnen und langsam und schrittweise Ihre Finger und Hände durch alle Körperteile des Empfängers zaubern. Vergessen Sie nicht, Feedback zu geben und zu empfangen, damit der Empfänger in der

Freude an der Massage verbleibt und nicht mit seinen Gedanken woanders hinfliegt.

Nun, lassen Sie uns auf einige grundlegende tantrische Sex-Positionen kommen und versuchen sie es heute Abend vielleicht schon selbst:

Der männliche Partner sollte hinter der Frau knien und sich dabei leicht nach hinten neigen. Die Frau sollte mit dem Rücken zum Mann stehen und sich ebenfalls mit den Beinen zwischen seinen Beinen hinknien. Setzen Sie sich nun beide auf Ihre Waden und Oberschenkel und achten Sie darauf, dass Ihre Körper eng aneinander gepresst sind.

Lassen Sie den männlichen Partner seine Arme um die Taille der weiblichen Partnerin schlingen und sie fest an seinen Körper drücken. Lassen Sie nun seinen Penis in Sie eindringen, und sobald er drinnen ist, machen Sie gemeinsam die Kipp- und Kuschelbewegung. Sie können auch gemeinsam kreisende Bewegungen machen. Wenn Sie müde sind, machen Sie Pausen, indem Sie einfach in der gleichen Position sitzen und Ihre Körper fest aneinander drücken.

Da der Mann sich leicht nach hinten neigt, kann er den G-Punkt der Frau erreichen, der vielleicht einer der angenehmsten Punkte für eine Frau ist. Da der Hintern der Frau eng an seine Oberschenkel gepresst ist, passt sein Unterleib außerdem gut in Sie hinein, was das Vergnügen für Sie beide noch steigert.

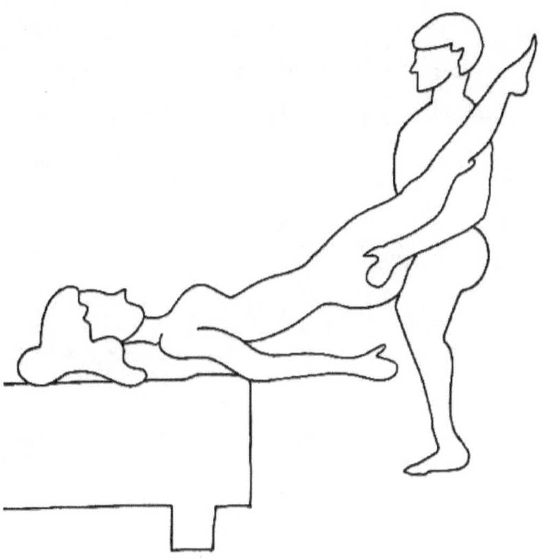

Lassen Sie die Partnerin auf dem Rücken auf der Bettkante, der Tischplatte oder einer anderen Arbeitsfläche liegen und legen Sie ein Kissen unter ihren Rücken, um ihn etwas zu erhöhen. Sie muss ihre Beine nach oben strecken, so dass ihre Öffnung genau an der Kante des Bettes oder des Tisches ist. Die Beine gerade nach oben zu halten, ist für den gesamten Akt sehr vorteilhaft. Sie kann ihre Hände benutzen, um ihre Beine höher zu halten, so dass auch ihr Becken angehoben wird.

Jetzt kann der Mann in die Frau eindringen, während er steht oder sich hinkniet, wenn der Tisch sehr niedrig ist. Indem er die gestreckten Beine der Frau festhält, erhält er eine Hebelwirkung und hilft der Frau, das Gleichgewicht zu halten. Er kann nun mit

108

zusätzlicher Stabilität für beide Partner in sie eindringen. Es ist wichtig, die Beine der Frau so weit wie möglich zusammenzuhalten.

Wenn Sie die Beine eng beieinander halten, haben Sie einen sehr engen Sitz, der eine ausreichende und glückselige Reibung während der Kipp- und Kuschelbewegung des Liebesspiels gewährleistet. Wenn Sie die Beine der Frau lockern und sie wieder eng zusammenbringen, wird das beiden Partnern zusätzliche Freude bereiten.

Lassen Sie die Frau am Rand des Bettes oder der Couch stehen, mit weit gespreizten Füßen und Beinen. Der Mann stellt sich mit den Füßen fest auf den Boden, ganz nah bei seiner Frau, ihr zugewandt. Indem er die Breite des Standes der Frau anpasst, kann der Mann die richtige Position finden, um in sie einzudringen, so dass sich ihre beiden Becken berühren. Führen Sie nun gemeinsam die Kipp- und Kuschelbewegung aus, um die höchste Glückseligkeit im Inneren des jeweils anderen zu spüren.

Die Stabilität dieser Pose steigert das Vergnügen für Sie beide, ohne dass Sie sich Gedanken über die Belastung eines Körperteils machen müssen. Darüber hinaus, Beine weit auseinander machen der Frau das Gefühl, verletzlich zu sein, das nur die Liebe des Mannes für seine Frau erhöht. Die kontinuierliche Reibung auf der Vorderseite ist sicher, den G-Punkt der Frau zu treffen, die, erhöht ihr Vergnügen zu großen Höhen.

Da beide Partner stehen, gibt es nur sehr wenig, was man zurückhalten muss. Die Hände sind frei für andere erotische Aktivitäten am Körper des anderen, was zu einem zusätzlichen Vergnügen während des gesamten Prozesses führt.

Wenn beide gesättigt und zufrieden mit dem gesamten Ritual sind, kann man sich noch einmal der Yab-Yum-Pose hingeben, bevor man diese wunderbaren Momente der Zweisamkeit aufgibt. Die Energiefreisetzung während eines tantrischen Sexrituals entnervt nicht. Sie stärkt Sie und Ihren Partner, um mehr voneinander und vom Universum insgesamt zu empfangen. Denken Sie daran, dem anderen Partner 100% von sich selbst zu geben.

Schlussfolgerung

Eines der wichtigsten Prinzipien des Tantra ist, dass es keine Energieform im Universum gibt, die nicht auch in unserem Körper existiert. Tantra bedeutet auch Technik und ist das, was uns hilft, die verschiedenen Energieformen, die in unserem Körper vorhanden sind, auf bewusste Weise zu nutzen, um die Produktivität in unserem Leben zu steigern.

Obwohl die Geheimnisse der Tantra-Tradition hunderte von Jahren geheim gehalten wurden, unter anderem aus dem Grund, dass sie missverstanden und fehlinterpretiert werden könnten, räumen heute dank des Internets und der Tatsache, dass die Welt ein globales Dorf geworden ist, immer mehr Menschen mit Missverständnissen auf und geben sich der Magie dieses Systems hin, um ein erfüllteres, glücklicheres und gesünderes Leben als zuvor zu führen.

Tantrische Traditionen und ihre Rituale zielen darauf ab, die subtilen Energien in unserem Körper hervorzulocken und mit ihnen zu arbeiten, um den Praktizierenden sowohl körperlich als auch geistig zu entlasten. Tantrische Praktiken befähigen sie, die Kraft in ihnen zu erforschen und zu nutzen und gleichzeitig körperliche und geistige Blockaden zu beseitigen, die sie daran hindern, ihr Bestes zu erreichen.

Erinnern sie sich daran, dass wir alle als tantrische Liebende geboren werden, weil wir alle Teil des ultimativen Göttlichen sind. Wir sind die reine Präsenz, wenn wir nur die Kraft und das Vermögen finden könnten, die Schichten abzureißen, die sich durch jahrelange falsche Konditionierung auf diese reine Essenz gelegt haben. Noch einmal: Sex ist definitiv ein Teil der tantrischen

Praktiken; aber Tantra-Sex basiert auf reiner Liebe, die die Grundlage der reinen Essenz ist, die aus dem allgegenwärtigen Göttlichen geschöpft wird.

Tantra-Praktiken sollen Ihnen helfen, sich mit sich selbst, mit Ihrem Partner und mit dem Göttlichen zu verbinden. Tantra ist eine wirkungsvolle Kombination aus Spiritualität und Sexualität, die uns hilft, uns selbst besser zu verstehen, und uns dadurch befähigt, ein erfüllteres, zufriedeneres Leben zu führen, unabhängig von unserer sozialen Stellung, unserem Geschlecht, unserer Kaste, unserer Rasse, unserer Nationalität oder anderen Faktoren.

Ein Leben auf der Grundlage tantrischer Praktiken hilft uns, durch die Integration der weiblichen und männlichen Aspekte in uns selbst ein Gleichgewicht zu erreichen, so dass wir ein Gefühl der Ganzheitlichkeit empfinden, das in unserem Leben derzeit fehlt. Tantrische Praktiken helfen uns, das Göttliche in allem um uns herum zu sehen. Diese Praktiken (wenn sie geduldig und gewissenhaft ausgeführt werden) erfüllen unsere Sinne und Körper mit einer großen Menge ungezügelter und bedingungsloser Liebe und Mitgefühl für alle und jeden.

Wenn wir Tantra praktizieren, befreien wir uns außerdem von grundloser Scham, Schuld und Verlegenheit im Zusammenhang mit unserer Sexualität, die wiederum auf unsensiblen Konditionierungen unserer Gesellschaft beruhen. Wenn Sie also Tantra in Ihr Leben einführen, führt das zu mehr Liebe, Mitgefühl und einem gesteigerten Sinn oder einer gesteigerten Wahrnehmung des Göttlichen.

Tantrische Praktiken helfen ihnen auch, die erhaltene Energie zu nutzen, um ihre wahre Bestimmung zu finden. Natürlich ist es wichtig, klein anzufangen, mit den einfachen Einzel- und Paartechniken zu beginnen, die in diesem Buch erwähnt werden (mit denen man sofort beginnen kann), und sobald man die einfachen gemeistert und die erstaunlichen Vorteile selbst dieser einfachen tantrischen Praktiken erfahren hat, kann man weitergehen und fortgeschrittenere Techniken von angesehenen Lehrern lernen und sein Leben auf eine völlig neue Bewusstseinsebene bringen.

Eine letzte Sache noch. Wir würden uns sehr freuen, wenn Sie sich die Zeit nehmen würden, uns ein Feedback zu geben, damit wir das Buch verbessern können. Das können Sie tun, indem Sie eine Rezension auf der Amazon-Produktseite abgeben. Herzlichen Dank im Voraus!

Ich danke Ihnen!

Es gibt Millionen von Büchern auf Amazon. Wir sind froh, dass Sie unser Buch entdeckt und bis zum Ende gelesen haben. Wir danken Ihnen dafür!

Wir kennen das Gefühl, wenn man ein gutes Buch beendet hat. Das Gefühl, mehr zu wollen. Wenn Sie mehr wollen, schauen Sie sich unsere Reihe Sex- und Beziehungsbücher für Männer und Frauen hier an:

Wenn Sie nicht sofort mehr lesen wollen, aber an wöchentlichen Sexbuch-Angeboten interessiert sind, sollten Sie sich für unseren Buchclub anmelden.

Ja, melde mich an!

Nein, ich setze dieses Mal aus.

Mit freundlichen Grüßen

More Sex Mor Fun Book Club